共創のコミュニケーション

小林末男 著

共創のコミュニケーション

小林末男著

はしがき

人間が相互に理解・納得・信頼し、誠実に共生していくために、動機づけ基調のコーチング的情報・意思などを交流することをコミュニケーションとして、その経営における重要性を共創指向で述べてみました。

経営実務の現場で、崇敬する大正製薬株式会社元会長・故上原正吉先生、元社長上原昭二先生はじめ諸先輩のご指導を、約一〇年間頂戴してから、教育界に入って四〇年余になります。理論と実践の統合を指向して経営学の研究に専念してきました。

今般、多年の研究経験を反映して現代経営の視点から「共創のコミュニケーション」を上梓しご批判、ご教導を願うことにしました。

教育の社会に入る機会を与えて下さいました産業能率大学理事長・学長上野一郎先生の深淵なご温情と、副理事長上野俊一先生の友誼あふれるご厚情に心より感謝致して居ります。

なお、今は亡き学界の大先達中西寅雄先生、高宮晋先生、松岡盤木先生、田杉競先生、山本安次郎先生、松田武彦先生方から、長期にわたりご恵与たまわった学恩に、謹弔謝意を呈上致します。

愛情と峻厳さをもって教育のあり方を導き下さった拓殖大学元総長・理事長中曽根康弘先生、元総長・故豊田悌助先生、元総長・理事長・故高瀬侍郎先生、前理事長・故椋木瑳磨太先生、元常務理事・故小川哲雄先生、元商学部長・理事・故三代川正一先生、元短期大学学長・理事市古尚三先生、前総長小田村四郎先生、理事長藤渡辰信先生、青山学院大学前学長鵜澤昌和先生、、伊勢原市長堀江侃先生、代表監査委員小泉昌一先生、更にサンフランシスコ州立大学総長Robert A.Corrigan先生、同大学総長付最高学術メンバー・国際協議日本委員会会長・バークレー科学大学米日会総長木村康治郎先生、バークレー科学大学理事長Martin McCarthy先生、研究総長Franklin T.Burroughs先生、ノーベル経済学賞Lawrence R.Klein先生はじめ、先学の細貝大次郎先生、大堺利實先生、工藤秀幸先生、草原克豪先生、高橋敏夫先生、伊藤善朗先生、芦田誠先生、金山一隆先生、宮川公男先生、水谷研治先生、森俊治先生、島田達巳先生、立川丈夫先生、藤森保明先生その他内外教育界実務界における数多くの先生方に衷心から感謝の意を捧げます。

特に長年月に亙り同僚として共に教学管理に全精力を傾注してきた畏友の拓殖大学常務理事佐野幸夫先生、監事・前常務理事橋本紀二六先生と両大学並びに関係諸教育機関教職員の皆々様に厚くあつくお礼を申し上げます。

眞心をこめて、共生と協働の意義を価値あるものとしてくれた妻和子の労苦にも「本当に有難う」の礼意を寄せます。

平成一五年八月二〇日

小林末男

目次

参考文献

行政管理指導

I

経営における意思決定と情報

1　経営における情報の重要性

経営における情報は、知りたいという必要が認識されたときにある事実が情報となる。この認識された情報は、経営における意思決定上必要な情報と、必ずしも必要としない情報とに区分けすることができる。

経営における情報を断面的要素に分類すると計数情報と非計数情報となる。一般的には情報はデータ（data:datum）とメッセージ（message）の両方を含んではいるが、データとメッセージの明確な区別は実際上容易ではない。なぜならばこれらの言葉については、個人的、あるいは習慣にしたがって、それぞれなんらかの理由によって用いているのが実情であるからである。

私は情報のうち定量的・計数的なものをデータとし、定性・実質的なものをメッセージとして取り扱うことにしているが、経営実務的視点からすると問題はないと考える。

もちろん、データを計数情報、メッセージを非計数情報とするのはある角度から情報をとらえたものであり、客観性のある概念規定ではないとの批判も当然のことではあるが存在する。しかし、定量的・計数的把握を第一次特性とする計数情報と、定性・実質的把握を第一次特性とする非計数情報とを区別して把握することは、経営における情報そのものを理解するうえでは有意義である。

経営にとって必要な情報は、適時、適正に生産・利用・処理されなければならない。そのためにはそれにそった情報システムが構成されている必要がある。そのためには、計数情報と非計数情報を区別して把握することが望ましいというわけである。

したがって、経営的な立場から情報を生産・利用・処理するシステムを考える場合には、本質的な面における両者の相違を理解しておくことが必要となる。

経営は計数情報への依存度を高めているのが現代的風潮であるが、計数情報のみによって積極具体的な経営活動を効果的につづけていくことはできない。非計数情報が極めて重要な影響を経営活動に与えることも当然存在する。したがって経営は計数情報と非計数情報の分離・融合を必要に応じて求めているともいえる。結果的には、計数情報の流れと非計数情報の流れが別々のルートに、あるいは同一ルートになる、ということにもなる。これは両者を別々のものとして扱うことを現実的には許されないことを意味している。

計数情報と非計数情報がそれぞれ関連をもちながら独立して移行する場合と、両者が不可分の形すなわち計数・非計数の混合状態で移行する場合がある。

そこで、これらを扱う情報の生産・利用・処理の仕組みは、経営的に総合有機的性格を強めていなければならないということである。

情報を意思決定のための生産物（商品―製作品）とし、データをその原料（材料）として両者の関係を説明している学者は多いが、私はデータも商品としての情報になりうるし、メッセージも同じように商品としての情報になりうると考えている。またデータ、メッセージがそれぞれの商品としての情報（データ、メッセージ）の原料・材料となることができるとの見解をとっている。

私は、経営活動を効果的に展開するためのメンタル・マテリアル（mental material）を情報と考えてよいとしている。

情報とは、ある一定の行為を始めるに先立って、知る必要のある事実や意思などをはじめ、すべての知識（intelligence）のことである。

2　参加的リーダーシップの意思決定と情報

組織体において、目的にそった目標を達成するために積極具体的な経営活動をつづけるその全プロセスに求められるのは、経営者・管理者・監督者および全従業員の行なう継続的意思決定（decision making）である。これは経営におけるリーダーシップの（business leadership）発揮そのものともいえる。

もちろん、各階層にかかわりなく意思決定の内容には適時性・適正性・対応性等共通的な点もあるが、構造・形態には相違がある。

サイモン（H.A.Simon）は意思決定を経営と同義語に用いることによって経営組織における意思決定を理論化するとともに、ビジネス・リーダーシップの重要性を強調している。彼は意思決定の構造・形態の面から計画的なもの（programed decision making）と非計画的なもの（non programed decision making）の二つに分けている。

意思決定の要素

1　目的

あらためていうまでもなく、意思決定には目的が不可欠である。意思は特定結果を引き出すための先行・希求的思考であり、意思決定はこの先行・希求的思考をある種の判断に基づいて期待有効的に抽出し選択決定することである。

すべての人間は自分の行動に影響を与える意思決定を行なうが、特に会社などで株主の期待支援を受けて総会で選出された経営者（商法第二六〇条取締役会）をはじめ職制（企業を経営するための組織であり、労働者を指導育成統率する権限と責任を持つ地位）である管理者・監督者は他人の行動に影響を与えるビジネス・リーダーシップ指向の意思決定を行なうことが主業務となっている。

意思決定の目的は定性的に表現されることも定量的に表現されることもある。

組織的な意思決定の質的高低は、組織における意思決定者が、積極具体的な経営活動に有機的に結合しているかいないかによってきまる。なぜならば、組織的意思決定は組織における期待する結果の実現を促進させるために行なわれるものであるからである。

2　選択

意思決定は選択を伴う。ただ一つの案しかなかったら決定はできない。要するに選択とは意思決定の目的を達成するために決定者が選び出すことのできる行為の進路であり、それは目的と深い関係のある結果を生ずる。したがって、結果が目的と無関係であるような行為を選択とはいわない。

意思決定は、何らかの選択基準すなわち判定基準をもっている。この基準は結果と目的との間に具体的な関係を与えるスケール（scale）である。

たとえば、企業の積極具体的な活動の目的を具体的に測定する判定基準である利益を得るために、調達資金額、生産数量、生産方法、販売方法などの内容が選択されることなどがこれに当たる。

3　背景

過去の行動と決定が現在の決定のあり方に大きな影響を与える。意思決定者の背景・環境は、決定者の自由な決定を許さない制約度の極めて高いきびしいものである。

意思決定に基づいて、結果を得るための実行はシステムによって実行される。経営はあらためて述べるまでもなく、人、資金、機械、製品、資材、情報などを要素として構成される複合的なシステムである。

積極具体的な経営活動をリードする経営者・管理者に制約をあたえる背景・環境とは、企業そのものの背景・環境ということができる。

企業の背景・環境には内部的なものと外部的なものがあり、システムの内部でも要素のもつ特性や要素間の関係が明確にできない部面が比較的多い。意思決定者の立場で、背景・環境の変容・動向などを確率高く把握できるときとそうでないときがある。しかし、どちらの場合でも意思決定者は意思の決定を行なわなければならない。前者の際の意思決定を確定条件下の決定といい、後者の際のそれをリスク下の決定と呼んでいる。また後者の場合には、背景・環境の変容・動向等の実態が極めて不明な、いわゆる不確実条件下での決定をも含んでいる。

意思決定には自発的決定と承認的決定がある。それぞれ長所・短所を持つが、自発的決定は動機づけの面から行なうことが望ましい。しかし組織においては、自発的決定も承認を求めたり、承認しなければならない承認的決定となる場合が多い。ただ問題は、自発的に意思決定をして、それを効果的に実現していくクライメイト(climate：風土)が確立されているかどうかということである。[(1)]

自発的意思決定に特に求められるのは、背景・環境の変容・動向のＫＡＥ原則[(2)]指向的実態理解である。このためには経営内におけるコーチング基調の率直なコミュニケーションの豊かさである。そこにはじめて、困難ではあるが確定条件下の意思決定を多く行ない、すぐれたリーダーシップを発揮しうる可能性を強めることになる。

3　情報重視のリーダーシップ的意思決定のあり方

経営管理の活動はすべて意思決定によって行なわれる。近代的経営管理の遂行に当たって、意思決定は極めて重要であり、経営の中心的課題ともいうべきものである。特に現代は、企業構成者のすべてがそれぞれの立場から、その権限の範囲において自発的に経営的視点に立った意思決定を行なうこと、すなわちリーダーシップの発揮が望まれている。

企業構成者のすべてが意思決定を自発的に経営的立場で行なうことは望ましいが、その統一性がともすると失われがちとなる。これは企業にとって極めて危険なことである。意思決定は、企業構成者の個人的・自発的なものと企業的・統一的なものとの有機的結合を行なわなければならないので、重要であるとともに複雑・困難度を極端に高めてきている。

また意思決定の問題に関して注意しなければならないのは、人間関係の問題との区別である。なぜかというと、人間関係の問題は、人間の感情に関するものであり、非論理的性状を結果的にはみとめざるをえない。これに対して意思決定の問題は人間の意思に関する問題であり、原則的には論理的性状に富んでいるものとしてとらえることができるからである。

しかし、両者の切断分離は極めて困難である。なぜならばこれは本質的に両者は密着しており切り離すべきものではないからである。そこで、人間の持つ論理的性状をより強め、非論理的なものの追放をはかるには、論理性発揮に必要な情報の提供ということである。

意思決定の過程は、

(1) 発案 (initiate)

(2) 審査 (investigate)

(3) 認可 (approve)

の三つに分けることができる。この全過程を通じて論理性をたくましく出すための重要な要素の一つである情報と意思決定の関係を分析し、科学的・論理的意思決定を支えるための情報のあり方を追求することは極めて有意義である。そこで次にこの両者の関係を分析的にとらえてみることにする。

情報価値の認識

意思決定に情報が不可欠要素の一つであるとの理解は一般的である。しかし意思決定に必要な情報はいかなるものであるかを判定することはなかなか難しい。

意思決定者をとりまく情報は無限であるといってよいほど多い。そのうちいずれを認識するかは一般に恣意的であり、これを客観化することは困難である。

しかし、意思決定者が期待する結果のためにどんな情報をみとめ、これを利用しなければならないかは、意思決定者みずからが明らかにしなければならない重要課題である。

たとえば企業において販売という積極具体的な経営活動に従事している管理者が意思決定をすると考えよう。

この場合、販売管理者の周囲には商品の種類、数量、単価、販売金額、取引先などといった属性のほかに、購入先の特性、購買動機、担当販売員、市場動向など多種多様で、大量な情報が存在している。販売責任者として販売効果をあげるためにはこれらの情報を適正・適時・対応的に利用していかなければならない。

しかしその必要情報に気付かないで片寄った情報の利用に終始することが多い。すなわち価値ある情報の認識が不足しているということである。これでは、販売成果を高いものにする科学的意思決定を行ない、組織においてリーダーシップを確立することはできない。

そこで、積極具体的な経営活動を左右する意思決定者の意思決定に必要とされる情報はなんであるか、を明らかにし、その情報を有効に生産し、その価値をみとめて利用ができるような仕組み、すなわち情報システムがリーダーシップ発揮のためには必要となるのである。

ところが、経営環境は静的でなく動的である。したがって、そこで意思決定を支える情報も動的となるので、情報システム自体にも動的性状を与えておかなければならなくなる。

有機動態的情報の認識とその情報を生産する情報システムの対応的運用管理は機械ではなく人である。ここでいう人は主導的意思決定者であり、機械は意思決定補助物、すなわち意思決定従位物である。

意思決定者の成果中心指向と、それを現実化する情報システムを通しての情報の提供により、情報の価値を認める積極的態度が動的・有価値的情報の生産、利用を促進し、結果的には意思決定者が情報価値を認識することになるといえよう。

必要な情報の収集について

意思決定者が必要とする情報は、自然発生的に意思や事実等が具象化されるのではない。意思決定者は環境に対して積極的に意思決定を適正化するための情報を探求しなければならない。情報は組織内の情報システムを通じて定量・定性的なものが計画的に収集されるものと、意思決定者の情報認識により発見された、いわゆる非計画的に収集された定量・定性的なものとよりなる。

しかし、多角的方法により多種・大量の情報を入手したとしても、意思決定を完全に科学化するすべての情報を網羅することはできない。

また、仮に意思決定に必要なすべての情報を収集したとしても、認識の過程で、そのあるものは考慮の範囲からつき放してそれに気付かないでいる。結局われわれが意思決定を行なう場合は、限られた一部の情報しか利用していないというわけである。このことは、意思決定に必要な情報収集の仕組みと、意思決定者の情報収集の態度を中途半端にしておいてもよい、というわけではない。むしろ、情報収集への積極的誠実な態度が、主導的意思決定者および従属的意思決定者、すなわち組織構成者のすべてに強く要求されていることの証左として受け取るべきである。これが結果的には意思決定の科学化を促進させることになり、十分なビジネス・リーダーシップを発揮させることになる。

情報の合目的的変換

経営活動を有効化するための意思決定を支える情報は、意思決定者の期待する結果に結合できるように収集・形成（収集・形成は生産を意味する）されなければならない。

特定な意思決定者のために収集・形成された情報は、すべての人に同じ価値をもって迎えられるとは限らない。

監督層の意思決定に利用されるために生産された情報は、そのまま管理層に利用される場合とそうでない場合がある。同じようなことが管理層と経営層との間についてもいえる。監督層で有価値の情報を管理層にも価値あるものとするために、そのまま利用するよりもその内容形態を変換することが多い。この場合、最初の情報が次の情報のデータ的立場におかれるわけである。したがって、情報の変換は広義の情報生産の範囲に入れることができる。

情報の変換は限りなく行なわれるが、それはあくまでも情報の使用目的に対応させるようにすべきであり、その目的があらかじめ明確にされていなければ情報の高い価値は発揮されない。

情報の変換すなわち生産は、意思決定者の将来的行動に好影響を与えるように行なわなければならないのは当然である。しかし現実には意思決定者の使用目的を無視した、いわゆる合目的的視点からはなれた情報の変換が行なわれているのがあまりにも多い。

情報変換の合目的性を確保するには、情報変換そのものの目的を理解しておく必要がある。

情報変換の目的は次の二つにまとめられる。

(1) 形式変換

情報の意味・内容を変えず、その表現・形式を変える。いわゆる伝達の形式に対応する変換を行なう。

(2) 内容変換

情報の持つ意味を鮮明にしたり、誇張するための変換で、原情報の合意の大部分を捨象する。

4 経営的情報システムの確立

情報によって意思決定を科学化するには、情報の価値をみとめ、その情報を積極的に収集し、合目的的に変換することが経営的に進められるような仕組みが必要である。このような情報を扱う仕組みを情報システム (information system) という。システムを機能的に区分けすると、「開放的システム」(open system) と「閉鎖的システム」(closed system) の二つとなる。

限定された刺激の範囲をこえた刺激が与えられると、これに対応した機能の発揮ができない。要するに、環境の変化に際して、システムの適応の型がシステム内に持ち込まれたコントロール・メカニズムの範囲に限定されているシステムのことを閉鎖的システムという。

開放的システムというのは、環境に対応して環境に影響を与え、システムの安定を自己維持的に保つシステムである。また自己再生の能力を有するシステムであるともいえる。生物はその代表的なものである。

情報システムの場合も、機能的にこの開放的なものと閉鎖的なものの二つに大別できる。

経営における意思決定は複雑・多様・高質な情報を適時的に要求する。しかも環境の変容は急激であるので、たとえ高性能の電子計算機などによって生産された情報であっても、対応性を常時確保することは容易ではない。したがって「閉鎖的システム」だけでは意思決定の科学化を促進させることができないので、「開放的システム」との結合が必要になってくるというわけである。

経営における意思決定を科学化する情報を扱う情報システムを確立するに当たっては、情報それ自体に要求される特性を知ることがまず第一である。そしてその特性をそこなわないような情報システムを確立すれば、情報によって支えられる意思決定の科学化を促進させることになるであろう。

情報に要求される特性は、

(1) 合目的性
(2) 適応性
(3) 対応性
(4) 単純性
(5) 容易性
(6) 適時性
(7) 影響性
(8) 有用性
(9) 規格性
(10) 参照性
(11) 経済性

などである。情報は意思決定に利用されてはじめてその価値が具現化するのであるから、利用できるような内容・形態の整備が必要である。

一般的にアナログ形式の情報（analog information）は、内包する意味を伝達しやすいが正確さに問題が出る場合が多い。

デジタル情報は、正確さにおいて信頼できるが直観性に乏しい。これらを利用者すなわち意思決定者の環境・役割・立場を考慮して適度にアレンジすることによって、対応性を含んだ適正性がある程度確保できることになる。技術的な面を考えると、現代的な統合指向の情報活用システムを設計する際には、コンピュータ・グラフィックス（computer graphics）などを応用したアナログ形式の情報交換を可能とする情報システムをデザインすることによって、適正・対応性などを情報から切り離さなくてすむことになる。さらにこのことが情報に要求される単純・容易性をも与える結果となり、意思決定者の利用度を質的に高めることにもなる。

情報に適正性を与えることは必要であり、そのための努力を情報システムのあらゆる場で払えるようにしておかなければならない。

情報に適時性を持たせることが情報価値を大きくするが、これがまたなかなか容易でない。情報の収集・生産・利用・処理のあらゆる過程で時間の早遅が発生し、適時性がそこなわれる。したがって情報システムの設計にはこれを十分加味しておかないと、他の基本的特性が保持されても情報の価値を小さくしてしまう。

情報に適時性がなくなるとコントロールを遅らせることになり、システムの適応力を低下させる。情報は意思決定者の行動に影響を与えるものであるから、決定者の目的意識に合致させてその利用ができるようになっていなければならない。そこで当然のことであるが、意思決定者の要求があればただちに必要とする情報が伝達されるようになっている必要がある。そこで定形的なものには規格的（情報の規格性）に扱えるような配慮がなくてはならない。そしてイベント（event）の発生ないし要求があればただちに情報の生産・利用などが行なえる、いわゆるリアルタイム・システム的情報システム（real-time processing information system）が現在のＩＴ（IT : information technology）時代に於て経営的に要求されるわけである。

さらに情報に必要な特性としての参照性であるが、情報は時の経過とともにその利用度を下降させるが、特定情報はその価値を長期的に保持しているので、その参照が容易に行なえるようになっていなければならない。

しかも情報の参照は特定情報について常に一定方向から行なわれるのでなく多方向からである。したがって単純に参照のための索引ができるというだけでなく、データ変換も含めた検索システム（reference system）を完成し、ほしい情報の参照が容易に行なえるシステムのデザインが必要である。

情報の参照・利用を前提として情報を保存するのであるから、当然、情報の量、質、および時間の要素を考慮してのファイリング・システム（filing system）を情報システムのなかに含めなければならない。

以上のような特性を情報に与えることによって、情報それ自体が経済性を帯びることになり、情報としての機能を意思決定の場で大きく発揮することができる。したがって、情報システムの導入・運用の管理に当たっては、これらの特性がそこなわれないよう最大限の考慮を常に払っておくことが強く要求される。このような要求にそった情報システムの確立こそ、情報によって支えられる意思決定を科学化させることになる。

意思決定を科学化する情報の生産・利用・処理を可能にする情報システムの管理は、とりもなおさず現実的な経営事務管理そのものなのである。

情報に支えられる意思決定の経営的重要性を、疑いの眼でとらえることは皆無に近くなりつつある。この情報が意思決定を左右するのは、情報自体が企業内外の諸事情を比較的適正に伝えてくれるからである。

経営に影響を与える情報について、興味ある変数解明を行なっているミシガン大学方式がある。その概要は次の通りであるが、この方式と概念を知ることは現代においても情報の経営的重要性理解の一助になるであろう。

企業組織の内情を正確に伝達することができる情報を原因変数と媒介変数の二つに区分けすることができる。特に組織の未来の傾向をかなり正確に予測しうる資料を与えてくれるのは原因変数だけであるから、この変数は重要である。

原因変数は組織に大きな影響を与える独立変数で、経営方針だとか、リーダーシップの質、技能、行動といったものがこれにあたる。

媒介変数は組織の内部状態および健康度を示す。この変数は忠誠心、態度、動機づけ、業績達成目標、コミュニケーションや意思決定に関する集団能力などである。

媒介変数は原因変数によって規制され、結果変数に影響を及ぼす。したがって、たとえば従業員にもりもりと働く意欲を出させ、行動にかりたてる行動あるいはリーダーシップの質を高める（原因変数）ことが必要である。

結果変数は組織の業績つまり生産性、原価、損失、収益などによって示される従属変数である。企業組織の外面に現われ、だれでもすぐ数字としてとらえられるのはこの変数だけである。しかし、結果変数を左右するのは原因変数と媒介変数にあるわけであるから、これらの変数を測定し、よりよい方向にもっていくことは極めて重要なことである。

意思決定の科学性と関連しての以上のような情報についての見方はそれなりに有用性の高いものということができるであろう。

5　職場におけるコミュニケーション

コミュニケーションは、「企業としての会社は人の集りである社団法人であって、財産を主体とする財団ではない。このような集団組織を、大衆・消費者への奉仕と利益追求という目的に合ったように運営するために必要な集団組織に関係する人々が、相互に情報・意思などを共創指向で交流し、理解・納得・信頼し合い、誠意・協同的行動をとるようにすること」と定義づけができる。

集団組織の最先端の職場で、以上のようなコミュニケーションが確保されているかどうかを正しく理解し、的を得た経営上の科学的措置を講ずることが職場の管理であり、経営の管理であるともいえる。この管理という重要な役割を遂行することが管理・監督者の責務である。

6　コミュニケーション管理の実際

コミュニケーション管理による効果の公正な測定はきわめて困難である。なぜならば評価者の立場によってその重点の置き方が異なってくるからである。たとえば営業担当者が取引先とコミュニケーションをよくして商品クレームを減少させた場合、担当者はコミュニケーション効果が大きかったと判断するであろう。しかし管理者はクレームを減少させるのは営業担当者として当然であり、コミュニケーションをよくして売上実績をより高めるべきであると判断し、コミュニケーションの効果は必ずしも大きくないと評価することもあろう。経営者の立場からは、クレームの減少、売上増大にとどまらず新製品開発に貢献するようなコミュニケーションを期待しているかもしれない。もしそうであるならば営業担当者、管理者よりもきびしくコミュニケーション効果を評価するということになる。

学問的視点から考えてみても、コミュニケーションの効果はそれぞれの学問領域

表1-1　コミュニケーション効果の評価

取引先との接触を密にしてクレームを
対前年度比60%減少させた際の評価

コミュニケーション効果の分類		コミュニケーション効果の評価			
		担当者	管理者	経営者	調整評価
期間的側面	長期的(long-term)	A	B	C	C
	短期的(short-term)	A	A	A	B
発現的側面	明示的(manifest)	A	A	A	B
	潜伏的(latent)	A	B	B	A
予測的側面	意図的(intended)	A	B	B	A
	非予知的(unanticipated)	A	B	B	B

によって評価には相当の差異を発生させる。

表1―1は、実際にある中堅企業で私も参加して実績反省のために用いた方法で、特にコミュニケーション効果の評価に重点を置いた一例である。

営業担当者、管理者、経営者の相互間に評価の差が出ている。もちろんこの評価上の差は出しただけではなく、その差が発生した理由・真実を具体的に理解・追求するための関係者の共創指向話し合い、すなわち真のコミュニケーションが必要である。

同表の調整評価欄は関係者が率直に話し合い、納得の上で評価したものである。

表1-2 集団討議評価・反省表

年　月　日　No.

さんの行動をふりかえると（　　）グループ（　人）氏名（

	非常に	かなり	や　や	どちらともいえない	や　や	かなり	非常に	
協力的								非協力的
冷静								とりみだしやすい
落着いておだやか								落着かず大人げない
精力的で建設的								無気力でなげやり
思慮深い								考えが浅い
率直である								率直でない
几帳面にする（誠意的）								いいかげんにする（不誠意）
けんそんで受容的								ごうまんで排他的
知的である								知的でない
実際的								実際的でない
創造的である								形式的すぎる
積極的								消極的
責任的								無責任
勤勉								たいまん
傾聴的である								形式的な聴き方をする

①自分自身をふくんでメンバーの行動評価（該当欄にチェック）を記入
②メンバーの評価人数（該当欄に記入）と、時分の評価（該当欄に○印）を記入

表1-3 話し合い反省表

	1	2	3	4	5	6	7
1. 相手の、本当に言いたいことを聞き出しているか	全然,聞き出していない			どちらともいえない			十分聞き出している
2. 相手は、話合いの結果について十分納得したか	全然納得していない			どちらともいえない			十分納得している
3. 話合いによって、相互理解・相互信頼は深まったか	全然深まらない			どちらともいえない			十分深まった
4. 全般を通じて、相手と共に考え、感ずる姿勢はあるか	全然ない			どちらともいえない			十分ある
5. 評価的・断定的な言い方をしていないか	全くしている			どちらともいえない			全然していない
6. 押し付け的、自我・独善指向の忠告的な言い方をしていないか	全くしている			どちらともいえない			全然していない
7. 適切な時に、適切なフィードバックをしているか	全然していない			どちらともいえない			十分している
8. 適切な時に、適切に自分の気持や考えを伝えているか	全然伝えていない			どちらともいえない			十分伝えている

表1―2～1―4は評価の適正さを確保するために用いた話し合い反省表である。上司と部下の話し合いに際しては特に上司が謙虚になり、相互に心の内側に入り、反復確認をしながら真意を理解し合う姿勢態度が望まれる。簡単なこの表もいろいろな場合に利用できるであろう。表1―3は小集団で討議の結果を反省するための表として私が積極的にすすめ、効果をあげているものであり、まじめに利用すれば有価値のものといえる。

このような話し合いによる評価を通じてこそ、相互理解・相互信頼というコミュニケーション効果を大きくすることができるのである。

コミュニケーション効果の対象は人間行動に対するもの、人間態度に対するもの、社会的機能に対するものなどである。

7　生産性とコミュニケーション

理解ある積極的傾聴によりコミュニケーションをよくすることによって、すでに述べたように経営上大きな効果を上げることができるが、更にこれを要約すると、

①　経営活動が経営目的にそった目標に向って総合化される

② 長期の活動目標があきらかになり、共創基調の協働的動機づけが促進されるなどの、企業におけるのぞましいマネジメントへの接近が実現される。

豊かで高質なコミュニケーションによって相互の信頼が確立される。相互の信頼によって共創基調の協働と調和の風土ができあがりモラールが向上される。

コミュニケーションと生産性の関係について、目標管理との関連で私が調査した結果を示したのが表1―4～1―5である。

表1―4は、目標管理実施による効果の調査をまとめた最近のものである。この調査から、第一位が「コミュニケーションの改善」で、企業規模の大小を問わずこの点の効果が大きかったことを示している。

表1―5は、「コミュニケーションが改善されてどのような面に効果が現われたか」を調査し、その結果をまとめたものである。

調査の範囲もせまく、対象者の選出も制限したので、若干客観性に問題があるであろうが、一応コミュニケーションの効果発生の傾向を推知することができる。

もちろん目標管理実施当事者の見解をたんに機械的にまとめたものであり、部外者の見解が加わっていないのでコミュニケーション効果に対する把握の仕方に偏り

表1-4　目標管理の実施効果

効果項目	比率	
	従業員 3,000人以上 111社966人	従業員 3,000人未満 76社611人
コミュニケーションの改善	61%	57%
経営観の革新	51	40
やる気の向上	37	56
業績の向上	36	66
権限委譲	28	17
定着率向上	23	35

表1-5　コミュニケーション改善による効果

効果項目	比率	
	従業員 3,000人以上 67社261人	従業員 3,000人未満 77社277人
責任感の向上	37%	26%
協働意識の向上	33	12
相互理解の向上	31	17
組織風土の近代化	25	31
管理能力の向上	17	36

があることも否定できない。コミュニケーションを改善することによる経営効果についてては、すでに述べているので、これと関連させながらその客観的有価値性の追求を行なう必要がある。

目標管理を定着させるためにコミュニケーションの改善を行ない、コミュニケーションの改善が目標管理すなわち現代的マネジメントの高質化を実現させていることが、この調査から理解できる。

以上の実態を通して、現代的マネジメントにとってコミュニケーションがいかに重要であるかの認識をわれわれはあらためてもたされるわけである。

最近提示された目標管理（成果主義管理）による経営上の問題についての諸見解は参考度が極めて高く有意義なものと思料する（週刊朝日、二〇〇三年八月二九号二十二～二十九頁）。

多年に渉り目標管理実践に従事してきた私の立場からすれば、真の人間尊重的共創指向のコミュニケーションへの取り組みをすれば、指適された目標管理実践上の問題は解決出来ると私考する。

更にご研究調査などを深く巾広いものとされてご教示を願えれば幸甚である。

注

(1) 小林末男、「人間信頼のリーダーシップ」東京新聞出版局、平成14年、77頁。

(2) ＫＡＥの原則……「Ｋは知識(knowledge)であり、Ａは能力(ability)、さらにＥは体験(experience)である。この三者はＡにおいて統一され、Ａをかためる研究が実践科学(practical science)である。」山城章『経営学原理』白桃書房、昭和49年、43頁、小林末男『リーダーシップの開発と実践』東洋経済新報社、昭和61年、22頁。高宮晋監修・小林末男責任編集『新・経営行動科学辞典』平成8年、141頁。

II

経営管理とコミュニケーション

1　マネジメントの今日的課題

経営管理について私は、企業などをその目的にそった目標を達成するために必要な社会的組織に、財物的・技術的組織を有機的に結合し、その結合体の機能を最高に発揮させるように科学的措置を講じて、目的・目標を達成することである、と定義づけている。

テイラー（F.W.Taylor）やフェイヨル（H.Fayol）によって体系づけられた経営管理の概念も、基本的理念は不変であるが、その重点は今日的に大きな変容をみせ、経営管理そのものに内外諸事情の激変とからみ合って困難な問題を提起してきたのである。

経営管理は、現代の産業界においては普遍的なものであり、経営体があるところに必ず意思決定、積極具体的な諸活動の調整・結合、人間の扱い、共通目標達成を指向する業績評価が科学的に展開されることが求められる。

経営管理すなわちマネジメントの重要性が増加し、マネジメントに対して複雑困難な問題が多角的に提起されるため、マネジメントそのものの研究は多角・多様的

表2-1　経営学説指向の分類表

- 経営学説指向系譜
  - 合理性追求指向
    - フレデリック・W. テーラー
    - ヘンリー・フォード
    - アンリー・フェイヨル
    - ウイルフレッド・ブラウン
    - エリオット・ジヤックス
  - 人間性追求指向
    - エルトン・メーヨー
    - レンシス・リッカート
    - クリス・アージリス
    - ダグラス・マグレガー
    - フレデリック・ハーズバーグ
  - システム性追求指向
    - チェスター・I. バーナード
    - ハーバート・A. サイモン
    - リチャード・M. サイアート
    - ジェームス・G. マーチ
    - エリック・L. トリスト
  - 条件性の追求指向
    - ピーター・F. ドラッカー
    - アルフレッド・D. チャンドラー・ジュニア
    - トム・バーンズ
    - ジョーン・ウッドワード
    - チャールズ・ペロー
    - ジェームス・D. トンプソン
  - 適応性の追求指向
    - ジョージ・A. スタイナー
    - H. イゴール・アンゾフ
    - ラッセル・L. エイコフ
    - ハサン・オズベーカー
    - イエッヘル・ドロアー
  - 協調性の追求指向
    - ハインリッヒ・ニックリッシュ
    - ギード・フイッシャー
  - 生産性の追求指向
    - オイゲン・シュマーレンバッハ
    - エーリッヒ・グーテンベルク
    - エドムンド・ハイネン

北野利信編「経営学説入門」有斐閣、平成14年、筆者調整

視点に立たざるをえなくなり、行動科学（behavioral science 人間がいかなる環境・条件のもとにいかなる行動を、他律的・自律的にとるかを体系的に追求する科学と私は定義づけている）的性向を強めてきたのである。

しかもマネジメントは、成果獲得のために協働する集団の活動を科学的に展開させることであるとすれば、前述したように、マネジメント展開の責任者である経営権[(1)]（資本と労働力を結びつけて運営する権限）を持つ経営者（株主総会で選任された取締役会）や職制としての管理者のあり方がマネジメントの重要な課題となる。

職制とは企業を経営していくために定められた組織における地位で、企業の経営権の分担行使者の役割・権限と労働契約上の労働力の使用処分権限の分担行使者の役割・権限を持っている[(2)]。

経営者・管理者は期待する成果すなわち目標を、経済的視点からだけでなく道徳的・倫理的視点から今日的に設定し、その実現のための方針を示す必要がある、その目標・方針を正しく受けとめさせ、またその目標、方針にそって企業構成者の全員が自主・自律的に目標を立て自己統制的に活動を展開するための土台になるのは相互の信頼を支える豊かで経営的高質なコミュニケーション（情報・意思の率直・

積極的交流）である。

マネジメントは従来的にいって、従業員のすべての活動を決定できる少数の経営幹部の独裁主義的哲学に支えられていたといってよいであろう。現代的にはこのような哲学のみでマネジメントに取り組むことは許されない。現代的マネジメントの特徴は、作業集団を取り扱うための長期的視点からの明確な目標・方針の明示、その実行面での協働共創性高揚、結果の自主的測定評価に重点が置かれはじめている。人間性尊重の従業員の増加は、マネジメントに民主的、経営参加的アプローチの方向をとらせているのである。

マネジメントに大きな影響を与えるのは経営者、管理者である。現代社会における諸関係が増大するにつれて、従来より以上に経営者、管理者はテクニカル・スキル（technical skill）、ヒューマン・スキル（human skill）、コンセプチュアル・スキル（conceptual skill）など実力と奥行きの深さと人間的幅の広さを身につけていることが望まれる。血縁関係、あるいは政治的関係のみに依存した経営者、管理者では現代マネジメントを受けもつことはできなくなっている。経営者、管理者はマネジメントの既成理論に、すぐれた思想を啓発してマネジメントの新理論を積み重ねていく力がなくてはならない。このような現代的統合的管理を重要視する観点に立って、経営者・管理者はマネジメント能力を積極的に向上させる誠実な努力が求められる。2―2は最近の調査結果の一例である。

以上の主張から理解できるように、マネジメントがきわめて内容的に複雑となっている。したがってその効果的展開の困難さを克服することが今日的マネジメントの重要課題である。

この困難なマネジメント課題に解決のいと口を与えるのが、率直で豊かなコーチング指向の共創的コミュニケーションである。ここにわれわれは組織におけるコミュニケーションの重要性を再認識するわけである。

2 コミュニケーションにおける過程

現代の各固体経済間においては、

①経済的相互補完の関係にある

②コミュニケーションが即時的になっている

表2-2 実 績 と 管 理 能 力

評価項目（1～10点）	高業績企業13社 経常利益増減率平均1.3%			低業績企業13社 経常利益増減率平均0.9%		
	経営者による管理者の評価 24人	管理者自身の評価 78人	監督者による管理者の評価 169人	経営者による管理者の評価 19人	管理者自身の評価 83人	監督者による管理者の評価 201人
正 義 感	9.1	8.7	9.0	8.6	8.4	8.7
使 命 感	9.6	9.4	9.5	9.2	9.2	9.3
危 機 感	8.3	9.3	9.1	8.3	8.3	9.3
連 帯 感	8.7	8.0	7.7	8.5	7.8	8.0
奉 仕 感	8.0	8.1	7.8	7.8	8.2	7.5
責 任 感	8.6	9.5	9.1	8.7	8.8	8.9
達 成 感	9.3	9.0	8.9	8.9	8.6	8.5
満 足 感	8.2	7.6	8.6	8.4	7.7	8.5
幸 福 感	8.1	7.5	8.2	8.3	7.6	8.3
充 実 感	8.4	8.2	8.6	8.2	8.1	8.0
指 導 力	9.3	9.5	9.0	9.5	9.4	9.1
統 率 力	9.4	9.3	8.8	8.5	9.1	8.9
知 識 力	9.0	8.6	8.3	9.3	8.7	8.8
実 行 力	9.2	9.3	8.7	8.2	9.0	8.8
判 断 力	8.3	8.8	8.5	8.5	8.6	8.3
包 容 力	7.5	7.9	7.4	7.2	7.8	7.5
補 佐 力	8.3	8.5	8.6	8.0	8.7	8.8
説 得 力	8.2	8.1	7.8	7.5	8.3	7.4
耐 久 力	7.4	7.8	7.7	7.5	7.7	7.6
決 断 力	7.7	8.2	7.5	7.5	8.1	8.0
創 造 力	7.8	7.9	7.7	7.8	7.6	7.4
洞 察 力	7.6	8.0	7.5	7.7	7.9	7.4
技 術 力	8.5	8.2	8.5	8.1	8.5	8.4
協 働 力	8.3	8.3	7.6	8.5	8.8	7.8
企 画 力	8.5	8.7	8.5	8.3	8.9	8.0
調 整 力	8.1	8.3	8.1	8.1	8.2	7.5
養 育 力	8.0	8.2	7.4	7.7	8.7	7.4
機 動 力	7.9	8.3	8.1	8.0	8.5	8.5
即 応 力	7.7	8.1	7.8	7.4	8.0	7.7
人間的魅力	7.8	8.1	7.6	7.5	7.8	7.6
評価平均	8.36	8.44	8.25	8.19	8.36	8.18

☆評価尺度…最低１～最高10

③国内的な経済行為が国際政治への影響を与えるなどの特徴が存在する。企業も経営活動に当たっては、それぞれの基準や価値観を国際的視野に立ってよりよく理解するようなマネジメントを高質なコミュニケーションのもとに行なう必要が一層求められてきている。

前述したようにコミュニケーションを、「コーチング指向で情報・意思の交流による相互の理解を通して、誠意ある行動をおこさせるようにすること」と私は定義づけている。[(3)]情報・意思の中に私は知識、観念、態度、思想、意見などを含めている。

情報は「行動を科学的・合理的・有用的に展開するための知的材料」であり、意思は「期待する結果を実現するための先行・希求的な外的感覚的・理性的思惟で、人間活動の核心にあるもの」であると思料する。

したがって経営体においては、組織的な立場からコミュニケーションが有効に機能できるような仕組みを導入管理しなければならない。

コミュニケーションの有効な展開が組織的にできるような環境管理ができていると、

1　組織構成者の相互の理解と信頼が深められる
2　組織上の不均衡問題が解決される
3　モラールの維持、高揚が実現される
4　協働意識が高まりシステム的活動が促進される
5　共創的に生産能率が高まる

などの経営効果をあげることができると私は考える。

経営にとってコミュニケーションは次のようなフォーマルな形だけではなくインフォーマルな形においても確立されていなければならない。

①　フォーマル・コミュニケーション（formal communication）

組織全体の目的にそった目標を効果的に達成するために、組織を構成する個人および集団の行なう活動を全体としての目標にむかって統一し調整することを目的として行なわれるもので、管理的コミュニケーションともいう。

フォーマル・コミュニケーションは、フォーマルな組織がその構成員ないしはその権限と統制にしたがう人々に主として適用することを意図して、制度として設定し維持しているコミュニケーションである。

② インフォーマル・コミュニケーション（informal communication）

人々が組織のなかで日常の活動を営んでいるために自然発生的にインフォーマルな組織が発生する。このような組織のなかで情報・意思の交流が行なわれることをインフォーマル・コミュニケーションといい、社会的コミュニケーションとも呼んでいる。

このような情報・意思の交流を内容とするコミュニケーションの組織における性状は次の三つに分けることができる。

① 管理的なもの

管理的コミュニケーションといわれるもので、上から下へ流され、適正性、明確性、一貫性、高速性、適時性、適切性などが特に求められる。ふつう命令とか指示の形をとる。

② 管理報告的なもの

管理報告的コミュニケーションといわれるものである。下から上へ流され、報告書のような形式的なものと、従業員の提案、意思、苦情、不平等の意見を知るための提案制度、面接などの非形式的なものに分かれる。

特に適正性、対応性、規格性、参照性、単純性、容易性、適時性、経済性などが求められる。

③ 連絡・調整的なもの

連絡的または斜交的コミュニケーションといわれ、水平的あるいは斜方的に部課間に流される。審議、討議、会議の形で行なわれる。従業員集会、会社の催物などもこの形式のコミュニケーションのなかに入る。

特に適正性、均質性、単純性、容易性、適時性などが求められる。

企業の目的はあらためていうまでもなく、「最大利潤の獲得」であると理解されてきた。ところが、このような考え方を全面的に肯定することはできなくなってきている。時代の進展は従来の古典的な資本主義経済を背景とした企業理念が弱められ、所有と経営の分離が一般化し、諸制約はあるとしても経営者の経営権は強化されて、個別資本的形態が経営体すなわち企業である、との主張が強められてきたわけである。こうなってくると企業の目的も「経営体」としての企業それ自体の「存続と維持」というように変化してきたのである。

いいかえると、企業自体の存続発展が企業の第一目的であり、自己資本に対する利潤率を最大にするという最大利潤の獲得は第二の目的となってきた。

企業自体の存続発展の実現は住民の積極的支持が必要である。そこで企業は所有者・経営者指向から住民・消費者・従業員指向となってきたわけである。しかし、この第一の目的の達成は必然的に第二の目的を達成することになり、従来的企業目的を表面的に強調しなくても現代的経営理念に裏打ちされた活動を展開する企業は結果的に人間尊重の共創により利潤を大きくすることになる。

必要とされる経営活動は、企業と外延的な関係にある風土的、物理的、社会的、法制的ならびに経済的な環境・条件のもとで進められている。

企業が進むべき方向を決め、その線にしたがって活動を起こしていくには利害者集団とのコミュニケーションを高質・有用的なものとして、社会性・公共性・公益性・福祉性に富んだ対環境管理を進めていかなければならない。ここでわれわれが利害者集団と呼んでいるのは、政府、公共団体、金融機関、住民、消費者、競争者、供給者、従業員、労働組合などである。

これら利害者集団は、企業の基本機能である生産、販売、財務、購買その他の諸分野にいろいろな形で影響を与えてくる。企業は利害者集団からのいろいろな影響を受けながらも、これら利害者集団との共存共栄指向を基調にして、目的を果たすための経営活動をつづけなければならない。これが企業の社会的責任の重要な一部面である。なお企業と外延的関係にある諸環境・諸条件・利害者集団とのコミュニケーションの関連を図示すると次のとおりである。(図2―1参照)

あらためて述べるまでもなく企業経営にとってコミュニケーションはきわめて重要である。この重要なコミュニケーションの管理ができているかというと、必ずしもできているとはいえない。

コミュニケーションの管理とは、コミュニケーションの機能を十分発揮させるように人的・物的財的・情報的にシステム指向で科学的緒措置を講ずることである、と私は定義づけをしてている。

人間が社会的な集団をつくっているときは、その集団がどのような集団であっても、その内部でコミュニケーションが存在し、それによって集団が維持されている。経営組織においても例外ではない。コミュニケーションを組織の動態として受けとめ、コミュニケーションの役割が十分果たせるような環境の管理を行なうというような真剣な取組みが現在は特に必要である。

図2-1　コミュニケーション環境図

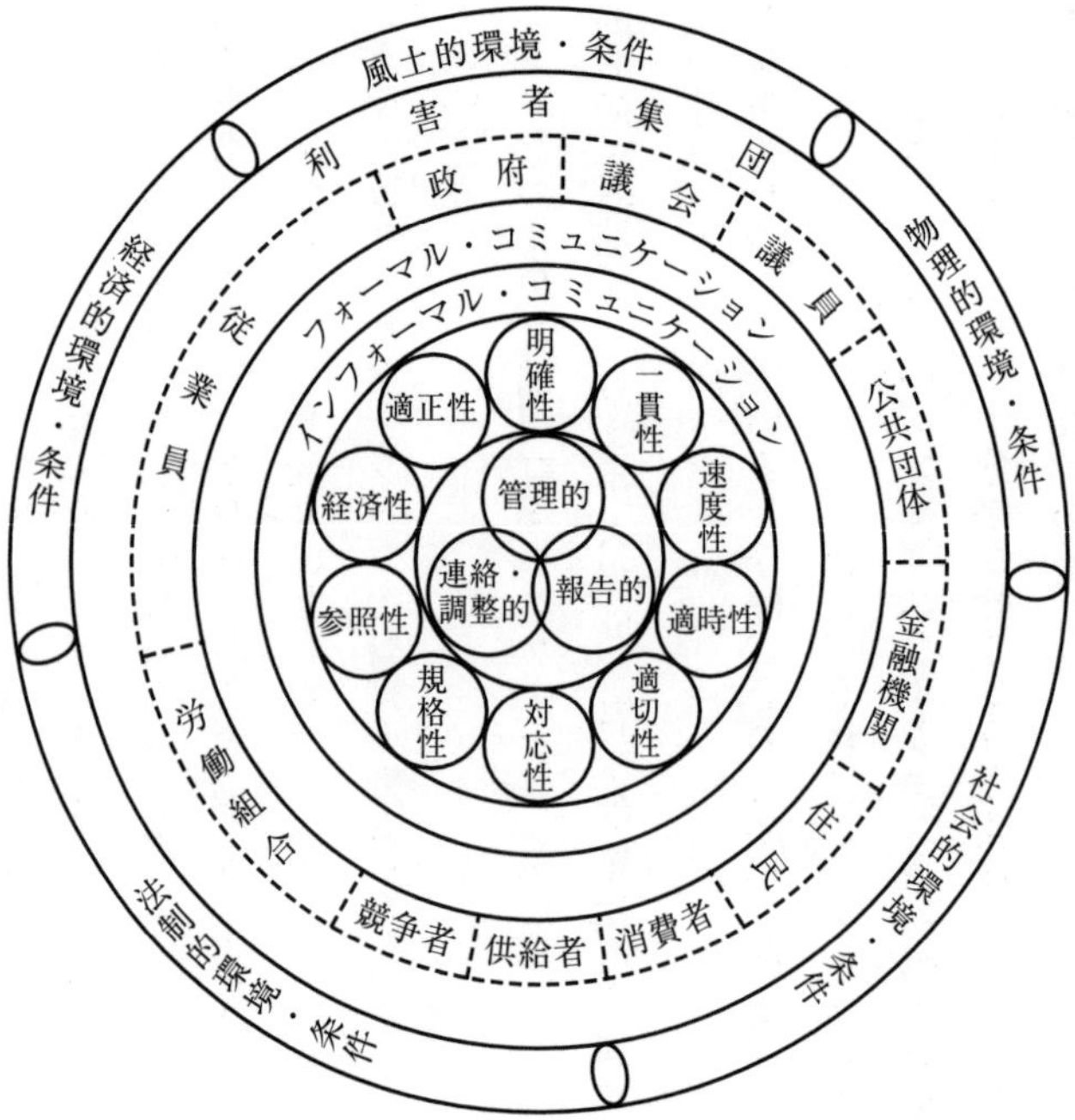

コミュニケーションの役割は、

1　情報・意思を共学動機付け的・適正に伝える（伝えさせる）

2　情報・意思を好意的に受けとめる（受けとめさせる）

3　情報・意思にそった誠意共創同心的行動を起こす（起こさせる）

4　経営上の関係緒機能を共創的に調整・結合する（調整・結合させる）

の四項目にまとめることができる。

そもそも過程という概念は、単純化・一般化・抽象化の緒機能をもっている。過程には、ある事象と他の事象を関連づけ、さらにその事象間の因果関係の系例を体系化するという機能がある。

たとえば営業関係管理者が、「今年の売上目標は月当たり五億で、そのためには東北地方に重点を置くという方針である」ということを部下に伝える行動を考えてみよう。

①　管理者は自分の情報・意思を部下に伝えるという目的をもっている……目的

②　管理者は部下との間に誤解をなくして協同効果をあげるために伝えるなどという動機をもっている……動機

③　協同効果をあげるためにはただたんに通達するというのではなく、理解・納得ができるような話合いをするという態度などに価値を認めている……価値

④　管理者は組織のなかで上長、部下、同僚など物的・人的な環境にとりかこまれて仕事をしている……環境

もちろん、この行動に統合されているこれらの目的・動機・価値・環境は一定不変ではない。たえず流動的に変化するものである。情報・意思を伝達する過程では、さらに

①　現在の観察

「この環境でこのことを伝えることはのぞましくない」「この部下に対してはこのような伝え方はわかりにくい」などをとり入れる。

②　過去の経験

過去のさまざまな経験を現在の行為にとり入れる。

③　直接的過去経験

現在の行為のなかで生ずるさまざまな事象を次の行為のなかに直接的にとり入れ、次の行動に影響をおよぼす。

以上のように、コミュニケーションにおける過程は、その過程全体の流れを形成する部分（変数）とその部分間の関係をともに包括するのである。

コミュニケーションのもっとも一般的な形式は口頭、文書である。この形式はそれぞれの必要に応じて数学的記号、符号、図表、電子式記号その他がとりあげられている。口頭にしぼってコミュニケーションの過程をふりかえってみると、次のように外示的、内含的の変数をあげることができる。

① 外示的変数

a 話し手

b 事実（情報・意思・その他）

c 聞き手

② 内含的変数

a 事事受容

b 行動開始

すでに述べたように、コミュニケーションは話し手の情報・意思に基づいて聞き手に、自主・自立性に富む科学的行動を起こさせるという動機付指向のコーチングの役割をもっている。この役割が果たされたときにコミュニケーションの効果があったということになる。要するにこの効果を得るために人の集団である組織はコミュニケーションを不可欠なものとして重要視せざるをえないのである。

3　コミュニケーション過程上の問題

組織形体として企業は、個人によって達成することができない大きな実績を集団の力によって達成するための合理的・経済的な生産単位体である。

この生産単位体の直接的責任者は経営者であり、経営者は大きな実績を達成するための権限が与えられ、期待される実績を現出させる責任を負わされている。そしてその責任を果たすことが経営者の責務というように経営実務的視点から定義づけしてもよいと私は考えている。

経営責任者がすぐれた能力をもってしても多数の部下の力を借りなければ、高い実績をあげることはできない。多数の部下の力を経営者の意図したとおりに発揮させるには経営者の意思を適正に受けとめさせることが必要であり、経営者は職制としての管理者や監督者、更に一般従業である多数の部下の人間的欲求を受けとめ経営的にそれを結合・充足させてやらなければならない。

企業構成者の情報や意思の上下・左右の交流すなわちコミュニケーションは、やがて相互の信頼を確立して企業がもっている力の十分な発揮を促進させることになる。

現代経営においては、人間性尊重の人事・労務管理を事業展開の基盤にし、実践する必要がある。すなわち人間は絶えず進歩を求めて努力をつづけており、それを認めきびしい目標に自主・自律的に挑戦させ、それを達成させる喜びを与え人間としての伸長を実現させることが経営管理の基本と考えるべきである。

組織構成者全員が、経営者と一体となり協働効果をあげるために、共創性重視の情報・意思の交流が経営的に有効に行なわれ、相互の信頼が確立しなければならない。しかしこれは大変困難な問題である。

経営活動の拡大は垂直的に階層を増加させ、水平的に業務を細分化させることになる。これはコミュニケーション過程を複雑にし、情報・意思の適正・対応・適時・経済的その他の交流を極端に阻害する。

私の調査では、社長の立場からの意志伝達度は、部長89%、課長77%、係長63%、主任45%、担当者25%となっている。

企業規模、業務内容によって一律的なとりあげ方は危険であるが、階層の増加・業務の細分化は一般的にコミュニケーション過程を複雑にし、コミュニケーション機能を極端に阻害する。

コミュニケーションを阻害する過程上の問題は次表（表2―2参照）に示すように大きく三つに分けられる。
① 物理的問題
情報・意思を伝える場合、最初の伝達（話し手）から距離が大きくなるほど、その速度・圧力・密度・精度は弱められる。たとえばある情報・意思の最初の伝達者が社長であり、これが部長・課長と経過するにしたがってその内容は物理的に希釈化されるというような問題をさす。
② 社会的問題
組織的または制度的問題ともいうことができよう。社長、部長、課長、係長、主任、担当者というような垂直的関係と、購買部長、生産部長、販売部長、財務部長というような水平的関係の複雑・多様・増大化が過程的にコミュニケー

表2-2　コミュニケーション過程上の問題要素

- コミュニケーション過程上の問題
  - 物理的側面（自然環境的側面）
    - 速度
    - 圧力
    - 制度
    - 密度
  - 社会的側面（制度・組織的側面）
    - 垂直的関係
    - 斜交的関係
    - 水平的関係
  - 心理的側面（人間・情感的側面）
    - 生理欲
    - 安全欲
    - 協同欲
    - 自我欲
    - 昇進欲
    - 競争欲
    - 享楽欲
    - 完成欲
    - その他

ションの機能を阻害する。

③　心理的問題

人間的・情感的問題ともいうことができる。個人よりも全体を優先して個々人の力をあわせて働くという強同の効果をあげるために構成された組織も、相互の理解を強めるためのコミュニケーションが過程的に障壁をもつためにそのねらいどおりに機能しにくい。

人はそれぞれ生理欲、安全欲、協働欲、自我欲、昇進欲、競争欲、享楽欲、完成欲など多くの欲求をもっている。そしてこれら欲求は各人各様で同じではない。それが情報・意思の交流を阻害し、内容の変化、故意・非故意の付加、または削減を引き起こし、コミュニケーション機能の発揮を抑圧する。

表2-2　意思伝達度と意思伝達阻害度（例）

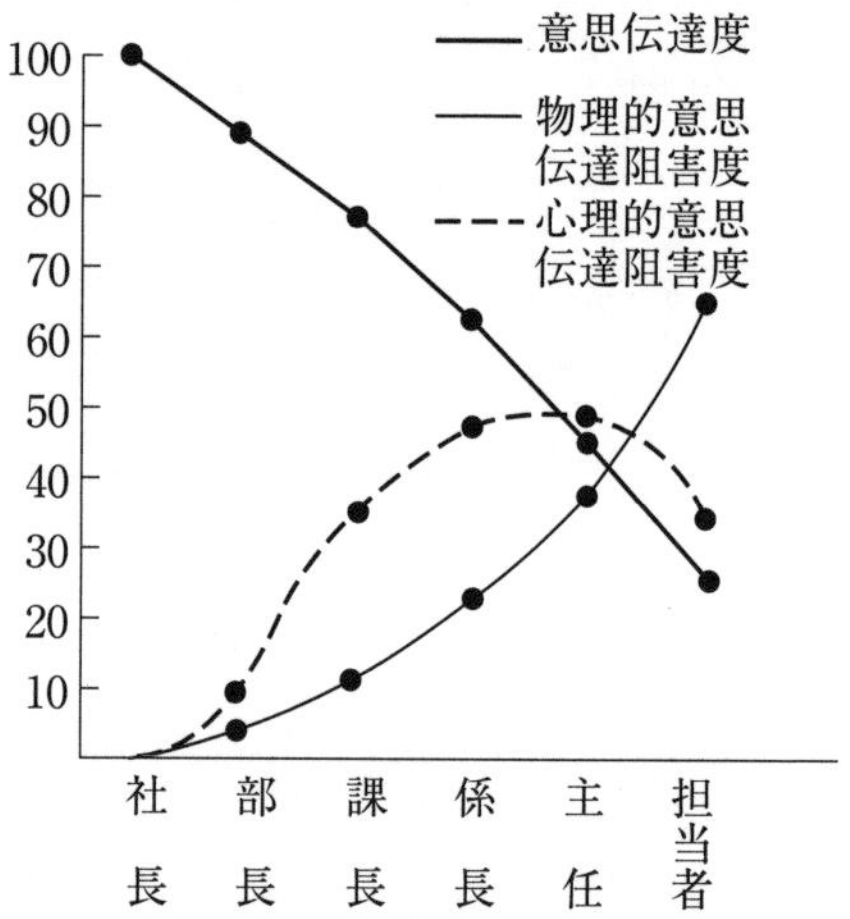

さきに述べた意思伝達度とコミュニケーション阻害要因との関係を、調査結果に

基づいて図示したのが図2―2である。客観性には事柄の性質上若干問題がないわけではないが、それぞれの傾向を相互関連の上で理解するには参考になるであろう。

4 コミュニケーションの規範

規範について、学者によってはいろいろな意味づけをしている。一般的にあげられるのは、

① 理論
② 仮説
③ 説明
④ 類推
⑤ 流れ図
⑥ モデル

などである。私はこれを「客観的・科学的価値あるものとして認められる基準」と考えている。

コミュニケーションの規範は、物理性、記号性、心的性によって統合化されてお

図2-3　コミュニケーション構造

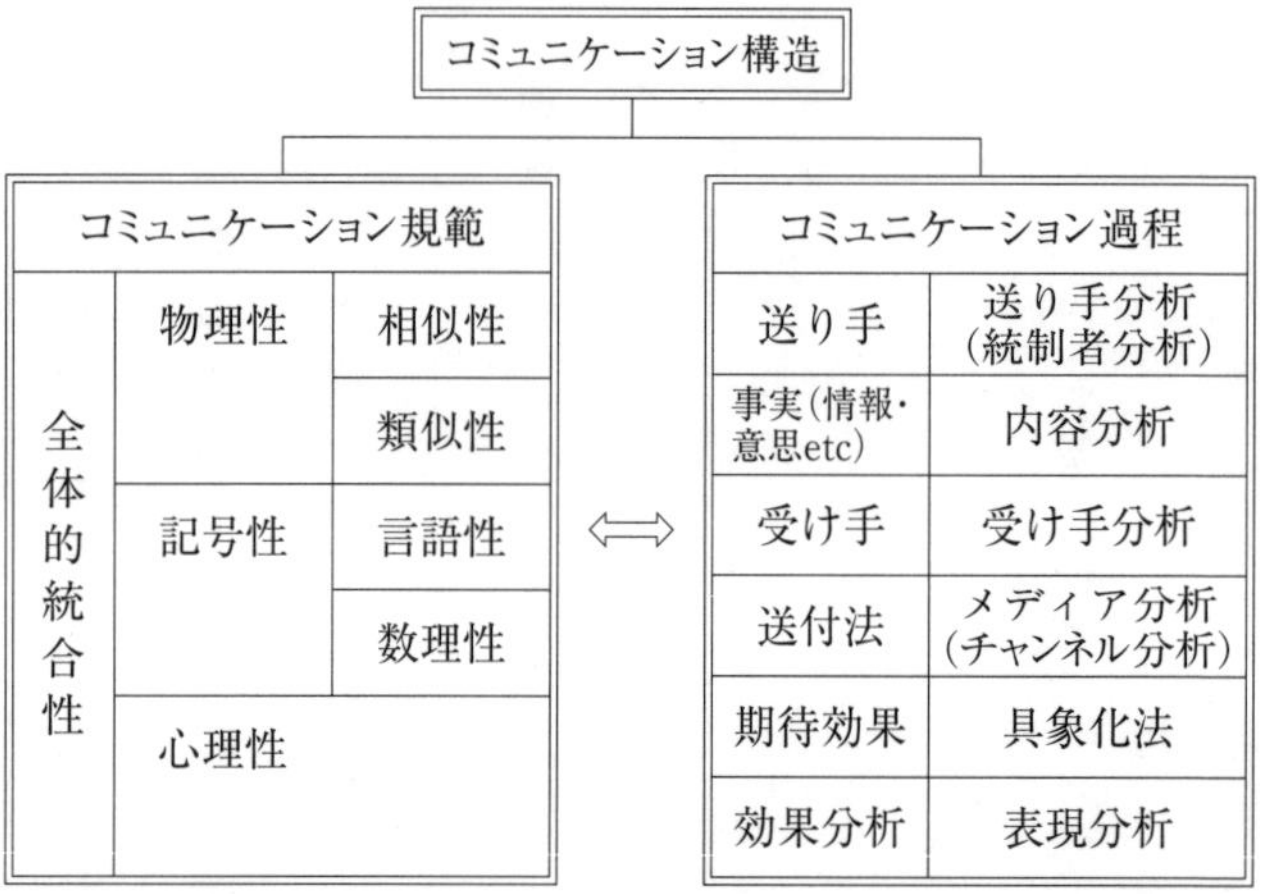

コミュニケーション規範		
全体的統合性	物理性	相似性
		類似性
	記号性	言語性
		数理性
	心理性	

コミュニケーション過程	
送り手	送り手分析（統制者分析）
事実(情報・意思etc)	内容分析
受け手	受け手分析
送付法	メディア分析（チャンネル分析）
期待効果	具象化法
効果分析	表現分析

り、物理性はさらに相似性に分けられ、記号性は言語性と数理性とに区分けされる。

コミュニケーションの規範を過程と結合し、これをコミュニケーションの構造体系としてとらえることができる。これを図示すると次のとおりとなる（図2―3参照）

コミュニケーション規範の各性状を要約すると次のとおりとなる。

①　物理性

現物に相似・類似の機能または形態を保有する性状

a　相似性……現物に相似（同じような）した機能を保有する性状

図2-4　コミュニケーション規範

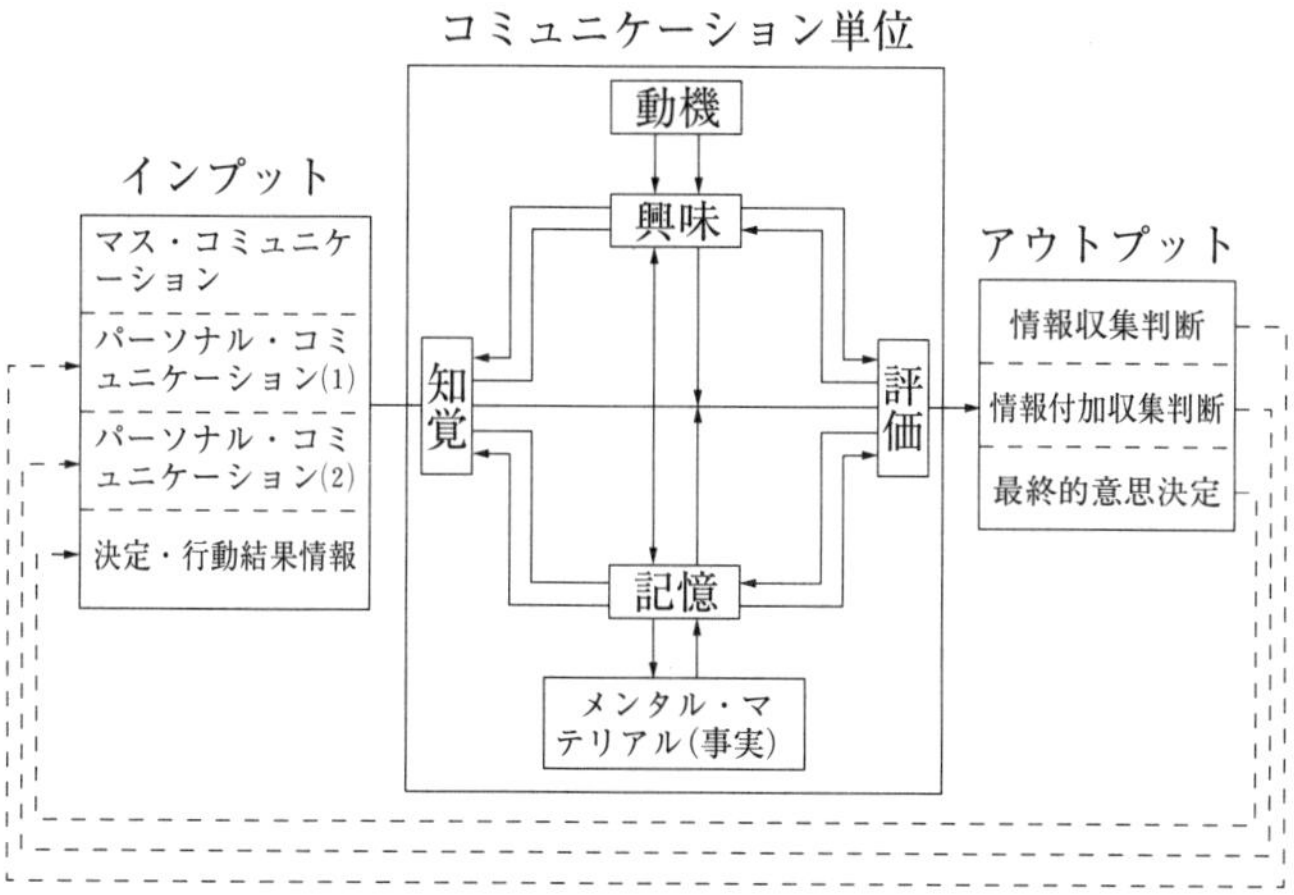

b　類似性……現物に類似した形態を保有する性状

②　記号性

事実（情報・意思その他）の具象・明示する性状

a　言語性……事実（情報・意思その他（の一般的）日常言語など）な記録性状

b　数理性……事実（情報・意思その他（の特殊的）日常言語などではない数理用語など）な記録性状

③　心的性

知能によって現実を抽象・投影・模写（心に描き出された絵など）する非可視的な性状

コミュニケーション規範の性状とともに、規範内での情報・意思の動き、機能についても要素的に明らかにしておく必要があろう（図2―4参照）。

次に個人を一つの単位としてのコミュニケーション規範を中心に関係諸要素の概要を説明しておくことにしよう。

① 知覚

個人がマス・コミュニケーションによって一つの情報を知覚しても、その情報がその個人に何等の動機づけを与えることがない無関心事であるならば、その情報は知覚を素通りするか、ただたんに記憶のなかに留められるにすぎない（記憶は分類整理され、分類整理されたものは新しい記憶に影響を与える）。ところがその情報に関心の高い個人にとっては、その情報は次の評価段階へ移行させられ関心と動機のレベルを上昇させるエネルギーをもつわけである。

② 評価

知覚段階において選択された情報に基づいて、とるべき行動の選択と意思決定のための評価が行なわれる。

③ アウトプット

評価のうえ決定された意思すなわち、行動に移すための意思決定内容を具象化する。

④　パーソナル・コミュニケーション

意思決定の内容は

a　情報を求める（求めない）

b　さらに追加の情報を求める（求めない）

の二つに要約される。要するに知覚に結びつく一つの新しい情報となるものである。

⑤　結果情報

意思決定にそった行動の結果は、新しい情報として知覚される。

以上コミュニケーションの規範について技術的・ミクロ的視点から説述したが、経営的・マクロ的にとりあげてもその基本は変わらない。

コミュニケーションの本質は社会における人間相互の理解であり、相互信頼の確保である。

相互の理解・信頼の強化によって、個人で実現することができない大きな成果を集団の力で実現することが可能となる。これが企業その他の経営体である。

組織において、人間相互の理解と信頼が確保できるようなコミュニケーションの保持は、組織の機能を十分に発揮させる上での最大要因である。

そこで組織の機能を十分に発揮させることができるようなコミュニケーションの導入・運用をはかることは、経営管理そのものであるともいえる。

コミュニケーションの役割を理解し、その役割が果たせるような性状を物理的・記号的・心象的に与え、その過程を最良流動化の線で維持するような環境の確立はコミュニケーションの経営管理的規範である

経営管理の基本である。目標設定、達成過程での協働、成果の測定・評価・反省の全部面に豊かで高質な経営的コミュニケーションがおよんでくるような環境の管理はコミュニケーション規範を実現させる。

これらの関係を参考までに図示すると次のとおりとなる（図2—5参照）

図2-5　マネジメントとコミュニケーション規範

コミュニケーション規範	
機　　能	事実(情報・意思・野心・熱意etc)の伝達・受容を通して誠意的に行動を起こさせる
性　　状 物理性 記号性 心象性	適正・対応・単純・容易・適時・均質・規格・参照・経済などの諸性
過　　程	最良流動の確保

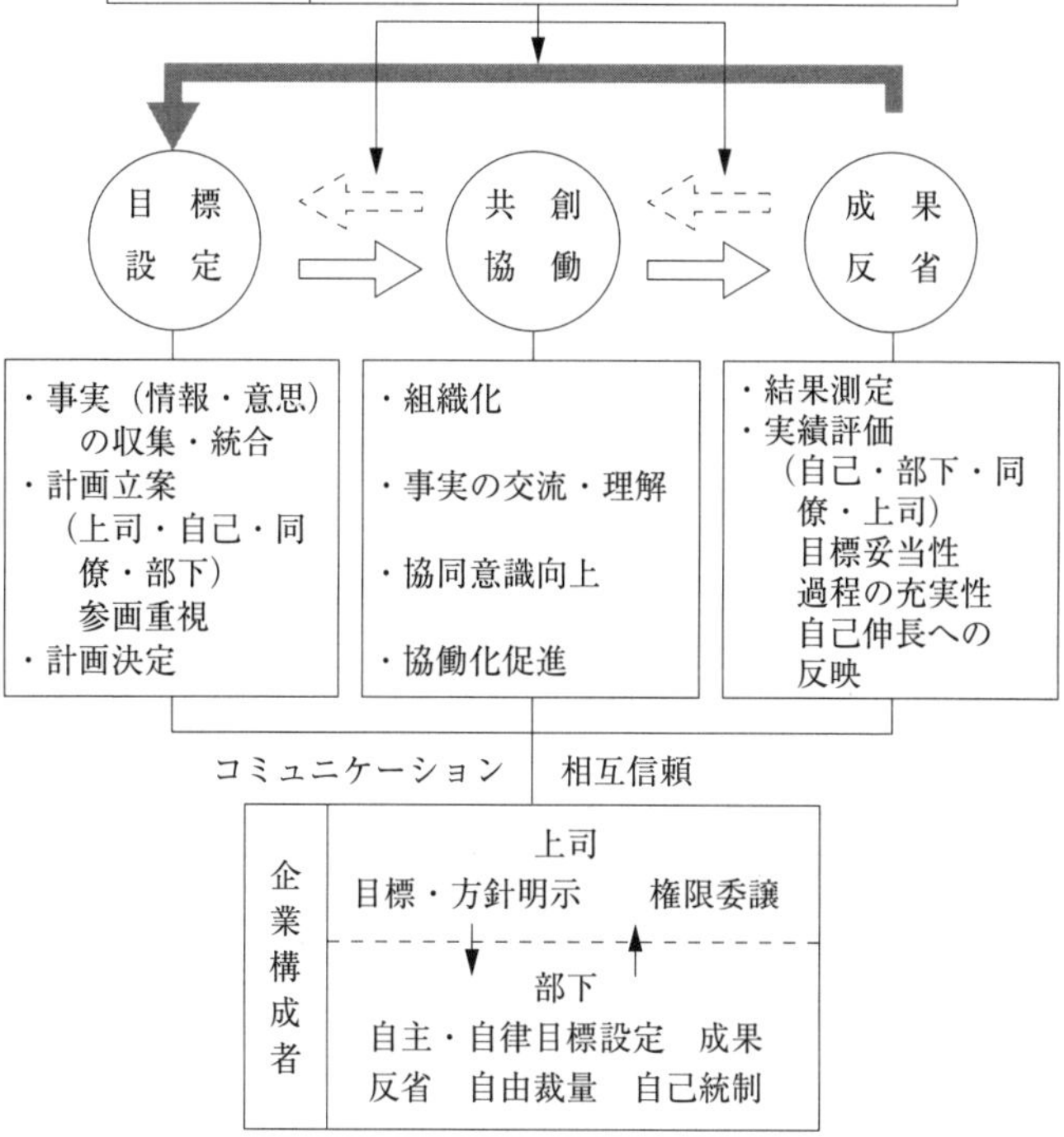

注

(1)　経営権

労働法関係

①人事②経理（資金の調達・運用・処分）③営業（資材の調達・製品の売却）④組織（合併・分離・解散・譲渡・委託）⑤機構⑥職制⑦生産方式（開発を含む）⑧服務規程⑨管理⑩保安、その他

商法関係

①株主総会に関する事項②経営計画③人事④組織⑤資産関係、設備投資、新技術導入計画等⑥資金の調達（株式、社債の発行を含む）⑦資産の運用・処分・投資⑧利益処分⑨会社と取締役間の利益相反取引承認⑩取締役の競業取引の承認、その他

(2)　職制

企業は、営業活動を組織的に行うものであるから、会社存立の基礎である定款を頂点とする企業の組織法規をもって企業（経営）組織と職制が定められている。それを管理・運営するため従業員の中から各級の職制が任命されその職に就き、会社から付与されている職務権限に従って職制としての権限を分担行使し、企業を管

理・運営していくことによりその活動が展開されている。

「部下をもつ」ということは、部下の多少にかかわらずこのような会社の定める企業組織としての職制に任命され、その職務上の地位に就くことを意味する。職制とは、企業を経営していくために定められた組織であり、労働者を指揮監督し業務目的遂行のために統率・管理する権限と責任を有する地位である。そこで、この職制の意義は、その地位と権限という二つの面から法的に位置づけられている。つまり①企業の経営権の分担行使者としての面、②労働契約上の労働力の使用処分権限の分担行使者としての役割を持っている。（安西愈「人事労務の法律」日本経済新聞社、平成13年、26頁…筆者調整）

(3) 小林末男「企業内コミュニケーションの管理」東洋経済新報社、昭和61年、1頁

Ⅲ コミュニケーションとリーダーシップの統合

1　マグレガー理論のコミュニケーションとリーダーシップ

組織は協働の体系であり、成果業績の体系である。この組織を合目的的に運営することが経営であり、経営のための具体的・実践活動を科学的に展開することを経営管理ということもできる。

経営管理を統合性指向で体系づけたマグレガー（D. McGregor）のY理論は注目的高評価を受けている。彼は経営管理について、「部下が企業の目標を自律的に達成できるような環境・条件をつくり、相互信頼に立って部下の助言・指導を行なうこと」とし、「条件が正しくそろえば、実際の組織の場で創造的エネルギーはあとからあとから湧いてくる」と述べている。

マグレガーは経営管理の役割を、「経済目標を考えながら主要な企業の緒要素としての金、資材、設備、人、その他を組織化することとしてとらえ、これを基調にX理論・Y理論（X-Y theory）を展開したのである。人間に関する無関心圏理論[(1)]を内在させたと思料されるX理論・Y理論については、すでにいろいろな角度から紹介されているのでここでは詳細に述べることはさける。その概要は次の通りである。

(1) X理論

一般的に人間は生来怠け者で、無責任で変化をきらい、凡庸で、けっして賢くない。さらに自分が属するグループに背を向ける。これらの人によって支えられる企業は、当然のことであるが人の集団であり、その目的は収益をあげることである。しかしそのあり方は所有者・経営者指向と考える。このような仮説のもとで部下に対する姿勢・態度は当然権威的となる。

したがって経営管理そのものの土台は抑圧、強要、きびしいコントロール、規制、監視、監督におかれる。要するに人間不信を基調にした経営管理としてとらえられているのがX理論である。

(2) Y理論

人間の本性として勤勉・積極・発展・社会の諸性をあげるべきであるとする。もしこれらが現れないとすれば、組織活動の経験がそうさせたのであろうと判断する。人は責任をもって行動することに喜びを持ち、責任受容、自律的目標への取組みを協働的に展開しようと指向している。

このように人によって支えられている企業は人の集団であり、収益を把握することを目的としている住民・従業員指向の経済性単位であって、豊かで高質なコミュニケーションによる人間相互の理解・信頼を必要不可欠とする。

以上の仮説にもとづいて、経営管理の展開に当っては人間性を尊重し、相互の協力によって経営効果をあげ、個人の目標（欲求・願い）と組織の目標（継続・発展）の合致を基本理念とすべきであると主張する。

ここには人間性と動機づけに関する多角的追究をもとにして管理をおこなうべきであるとの強い主張がみられている。

マグレガーが経営管理の機能の第一にあげているのは次ぎの通りである。

「組織の条件や仕事の方法を整えて、部下にまず自分たちの努力を組織の方に向けさせ、自分自身の目標を達成するように仕向けること」。

この理論の根底に横たわる主張は、

① 機会の創造
② 能力の発揮
③ 成果の促進
④ 指針の提示

表3-1　経営管理におけるコミュニケーションとリーダーシップ

人間（労働者）について		企業組織について		人扱いについて		コミュニケーションについて		リーダーシップについて	
伝統的管理	統合的管理	伝統的管理	統合的管理	伝統的管理	統合的管理	伝統的管理	統合的管理	伝統的管理	統合的管理
怠惰性 現状肯定性 非退歩性 非革新性 非構成性 非創造性 反社会性 無責任性 などが強い	勤勉性 現状改変性 進歩性 革新性 構成性 創造性 社会性 責任性 などが強い	労働・土地・資本の体系 利益追求 絶対性 資本家・経営者中心	労働・土地・資本・社会大衆の結合体 利益追求 消費者への奉仕 全員主義	労働者不信 規制重視 権限指向 監視・統制による管理	労使の信頼 相互能力向上 成果重視 個人欲求の充足と組織の発展 相互信頼の人間性尊重の管理	命令重視 報告の重視 上意下達指向 形式偏重 統制的コミュニケーション	情報意思の交流 相互理解と信頼 民主・参画的コミュニケーション 個人的意思決定と組織的意思決定の合一化	他主・他律性 権威主義 形式主義 押しつけ指向 官僚指向 組織偏重性	自主・自律性 能力主義 実力主義 参画主義 人間性尊重 民主指向 個人と組織の統合性

などである。

X理論を人間不信の「監視・統制による管理」とし、Y理論を人間性尊重の「信頼・協同を基調とした参画指向の目標管理」としている。

以上のようなマグレガーのY理論は、企業経営にたづさわるものに非常に注目され、この理論への取組みが積極化された。しかし、産業人がこのY理論的経営管理を企業内に定着させるには、多くの難関・障害を突破・解決していかなければならない。産業人は長い間指示され、コントロールされることに慣らされている。この傾向は欧米に比較するとわが国のほうが強いであろう。したがってその必要を感じ、Y理論的経営管理の定着を実現させる能力があるにとかかわらず、実際の行動となると迫力を欠く、というのが実証的研究面にも明らかにあらわれている。

マグレガーは六年間にわたってアンチオク大学の総長として管理・指導者の立場で組織経営の任に当り、その職を辞す際に、経営管理について理論と実践の有機的結合の必要を強調し、表面的な人間理解では通用しないきびしさが経営には存在することを理解しなければならないと強い提示を誠意・情熱的に行っている。

マグレガーなどの現代的リーダーシップを重視した統合的管理の理論を、経営諸要素と関連づけて私は行動科学的観点から整理・体系化している（表3―1参照）。

2 バーナード理論のコミュニケーションとリーダーシップ

経営とコミュニケーションの関連について、われわれは経営者としての豊かな経験を基礎としたバーナード（C.I. Barnard 1986～1961）の深い哲学的思索と奥行のある科学的洞察から教えられることが極めて大きいものがある。

バーナードはアメリカのマサチューセッツ州に生まれ、一九〇六年ハーバード大学に入学し経済学を学んで一九〇九年アメリカ電信電話会社に入社している。一九二七年に四一歳でニュージャージー・ベルの社長に就任してから約20年の間経営者として優れた実績をあげた。

バーナード革命といわるる程、彼の経営管理に対する見解は卓越している。

バーナードの公式組織理論は、次の3つの柱によって構築されている。

① 組織はシステムであり、システムは更に大きなシステムのサブ・システムである。

② 有限の自由意志による意思決定力を持つ人間によって組織は構成されている。

③　個人の動機の満足度すなわち能率と、組織の目的達成度すなわち有効性を有機的に合一化させなければならない。
バーナードは公式組織を、二人以上の人間活動や緒力が意識的に整合された協働体系として定義している。そして最小規模の組織を「単位組織」、二つ以上の単位組織の複合体を「複合組織」とし、国家や教会などは複合組織が複合されたものでこれを「最高組織」としている。

彼の組織要素論の骨子は次の通りである。
①　組織構成の要素として、組織を合目的的に運営させるために「協働意欲（貢献意欲）」が存在しなければならない。
②　組織構成の要素として、「協働意欲（貢献意欲）」の昂揚のために「協働目的」が明確にされなければならない。
③　組織構成の要素として、目的に対する貢献意欲を溜出させるためにも、貢献意欲に支えられる成果の実現（誘因）のためにも「伝達（コミュニケーション）」が存在しなければならない。
彼の公成組織の理論における組織要素と、組織の行為についての関連を、経営管

理的に整理づけると次表の通りとなるであろう（表3—2参照）。

バーナードの理論には、協働する人間の専門・分担化された各職位における自主・自律的意思決定を重視すべきであるとの主張がみられる。

この意思決定を次の二つに大別している。

① 個人的意思決定
組織へ積極的に貢献できる人間になるために努力しようとする個人的な意思決定

② 組織的意思決定
個人の無関心圏も含めて、組織の目的に関連する職位にもとづく非個人的意思決定

バーナードは組織を整合された協働の体系としながらも、その合目的的運営すなわち経営に最大の影響を与える経営者の役割を特に強調している。

彼があげる経営者の役割は、組織を維持していくことと要約される。そのために組織の3つの要素に対して、「コミュニケーション・システムを提供し」、「必要不可欠な活動を確保し」、「目的を設定する」ことがあるとし、この役割が果されてい

表3-2　組織の「要素」と「行為」との関連

公式組織の要素	組織の行為	経営の管理
協働意欲（貢献意欲）	協働意欲（貢献意欲）を確保するために組織は各人に金銭的誘因、社会的誘因、心理的誘因を与える。	成果重視・協働指向の参画的・統合的リーダーシップを発揮する。
協働目的（組織目的）	協働目的（組織目的）達成のために組織は、業務の専門化・分担化を行なう。	
伝達（コミュニケーション）	協働意欲を高めて組織目的を達成させるためには、伝達が組織の上位者から下位者に公正的権威をもって伝達され、下位者に理解納得的に受容されるような組織の仕組を構成する。（権限受容説）	

るか否かの判断は、組織の究極的な目的達成と関連させて「有効性」と「能率」の度合いによって行なわれるべきであるとしている。

学界、実務界から高い評価を寄せられているバーナードの経営管理理論や経営組織理論の根幹に、コミュニケーションやコミュニケーションと密着する意思決定の重要性認識の必要性の強い訴えの存在をわれわれは知らされるわけである。

3 集団効果性とコミュニケーション

集団組織における個人独断を廃しての集団による意思決定や問題解決は、あらためていうまでもなく個人のそれよりははるかに高次元性に富んだ客観的なものである。集団は人的資源要素を結集して、その中の誰でもが達成できるよりも高いレベルで、事をなしとげ高成果をあげる力を保有している。しかしその前提としては、豊かで高質な経営的コミュニケーションとリーダーシップが存在していなければならない。

一般に集団の効果性を測定するときは、次の諸事項を中心に行なっている。

① 集団として自分達の目的や目標をはっきりと理解しているか。

② 集団に属する人達は、お互いに高度のコミュニケーションを通して相互に理解し合うことに努めているか。

③ 集団による意思決定活動は効果的に始動されているか。その場合、少数意見も慎重に検討され、また重要な決定には必ず全員を参加させているか。

④ 集団内の個人がそれぞれもっているいろいろな仕事の能力が活用されているか。

次図は中堅企業八社における管理者二二五名と一般従業員八六一名について、同様の形式で継続的に調査した結果をまとめたものである（図3―1参照）。この調査結果から企業全般の集団効果性を推定結論づけることは問題がある。しかし、わが国の中小企業においては近代的にみて集団の効果を十分に出しきっていないのが実態といえよう。

継続的に私はこの種の調査を継続的に面接形式も含めて行っているのであるが、結果的には高評価できる事柄と併在する次のような問題も判明したわけである。

① 管理者も一般従業員も、集団活動の問題点と存在価値の認識と理解が不足している。

図3-1　集　団　の　効　果　性

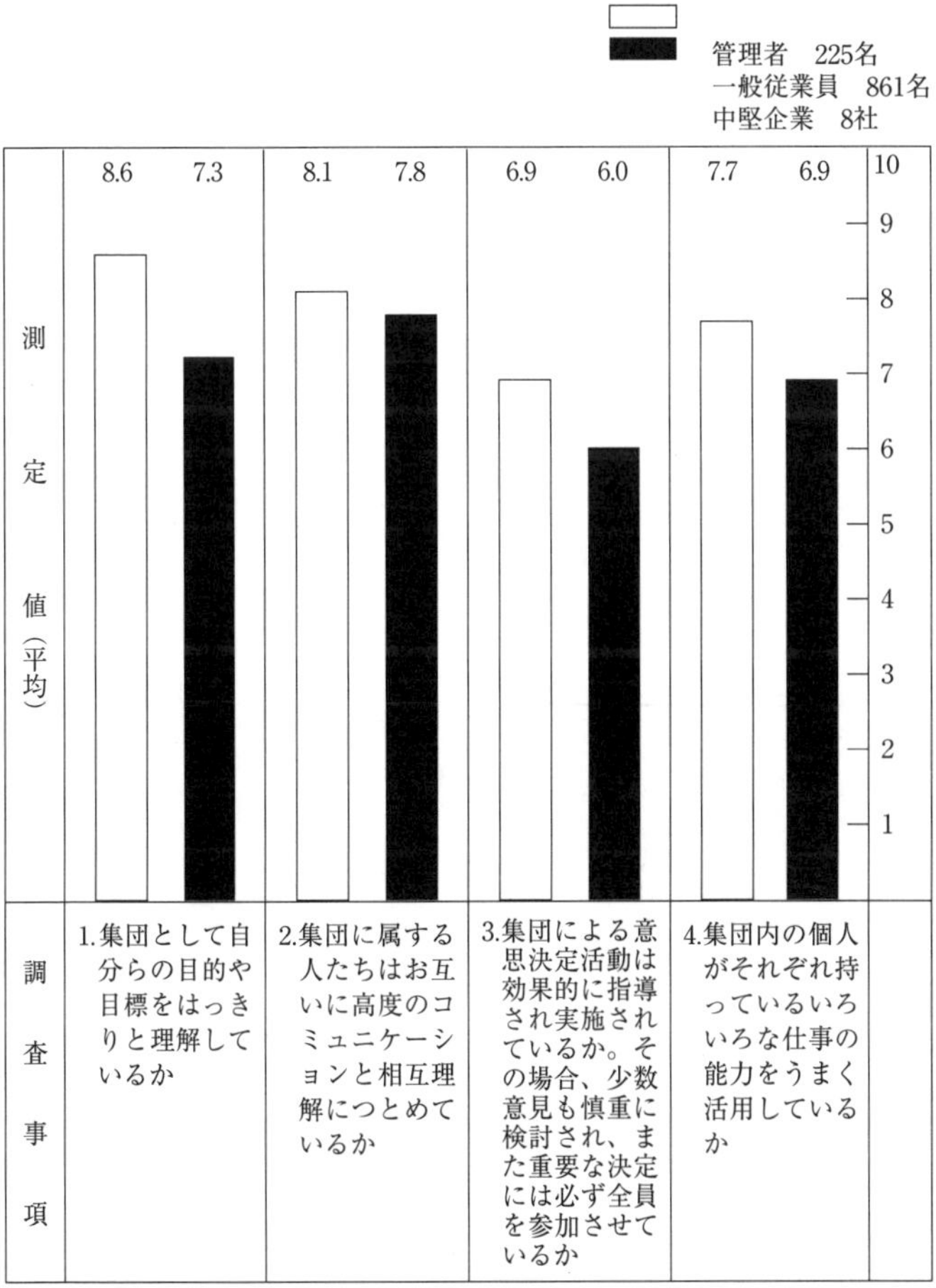
管理者　225名
一般従業員　861名
中堅企業　8社
測定値（平均）
8.6
7.3
8.1
7.8
6.9
6.0
7.7
6.9
10
9
8
7
6
5
4
3
2
1
調査事項
1.集団として自分らの目的や目標をはっきりと理解しているか
2.集団に属する人たちはお互いに高度のコミュニケーションと相互理解につとめているか
3.集団による意思決定活動は効果的に指導され実施されているか。その場合、少数意見も慎重に検討され、また重要な決定には必ず全員を参加させているか
4.集団内の個人がそれぞれ持っているいろいろな仕事の能力をうまく活用しているか

注）平成14年4～6月調査

② 企業を支える管理者としてあるいは一般従業員として、自分の能力を高め経営の成果に反映させようとする熱意と責任感が不足している。

③ 特に管理者には、企業目的にそった目標を効果的に達成するために、部下の意見を聴き、部下が当面している問題を理解し、部下といっしょに問題解決と個人的・組織的意思決定を適切に行なう誠意的努力が不足している。

④ 管理者として、考え方、態度などが大きくかわってきているいわゆる個人尊重性等をふくめて、現代的に部下を扱う指導能力に欠けている。またこれらの点にウェートをおいて管理能力の向上をはかっても、なかなか効果をあげにくいのでなかば断念している。

以上のようなことから、われわれは組織におけるコミュニケーションとリーダーシップの重要性を再認識させられる。豊かで高質な経営的コミュニケーションを確保して上下相互の信頼を不動なものとし、参画者指向の効果的リーダーシップを発揮する能力を身につけることは管理者はもちろんのこと、組織の全構成員にとって必須の事柄である。

ロジャース（Carl Rogers）とレスリスバーガー（F.J. Roethlisberger）が論文

「コミュニケーションの障壁と通路」(Barriers and Getway to Communication)のなかで、管理者の能力開発の面でコミュニケーション能力を高めることの必要性を具体例をあげて説述しているが、極めて参考度の高い見解と私考する。(2)

「積極的傾聴」(Active Listening)で高評価を得ているロジャースなどが主張するコミュニケーションの障壁の骨子は、人間は他人の話を評価しながら聴くという傾向、および表面的形式的に他人のいうことを聞くという自己中心で他人の人間性を尊重することを無意識のうちに軽視するという傾向がある、ということなどに要約できる。この障害をとりのぞく考え方態度を身につけるには、誠実で地道な人間理解のための実践的努力を継続しなければならないということに盡きる。要するに集団の効果を高める最大要因の一つとしてコミュニケーションとリーダーシップがあげられるわけである。

ロジャースなどの「共感的理解」、「受容の精神」、「誠実な態度」を強調したコミュニケーションの貴重な見解を追求・理解するための検討事項(CCD; concept clarification discussion; 理解促進討議)を参考までにあげておくことにする。(表3—3参照)。

表3―3　コミュニケーション検討表

以下の各項についてａ、ｂ、ｃ、ｄの中から一番大切であると思われるものを一つだけ選んで下さい。

(1) コミュニケーションを妨げる最大の要因は
ａ　話題や趣味の乏しさである
ｂ　人間同士の性格や思想の差異である
ｃ　他人の言動を表面的に評価したがる人間本来の傾向である
ｄ　感情や態度を表情にあらわすことである

(2) コミュニケーションを改善促進する最良の方法は
ａ　相手をいたわる態度である
ｂ　誠意をもって理解ある傾聴をすることである
ｃ　相手の趣味や性格を知ることである
ｄ　明確に断定的にものをいうことである

(3) 積極的に誠意をもって相手のいうことを理解・納得するような聴き方とは
ａ　相手の矛盾や誤りをつかむために聴き耳をたてることである
ｂ　相手の話を黙って聴くという姿勢・態度をとることである

c　相手の考えや気持を、相手の立場に立って理解するように聴くということである

d　相手の発言をよく聴き、その内容の論理と筋道をつかむことである

(4)　積極的に誠意をもって相手のいうことを理解・納得するような聴き方は、職場における

a　苦情処理の方法である

b　私生活上の相談に乗る方法である

c　悩みのある人をはげます方法である

d　日常の仕事中における問題解決のための方法である

(5)　誠意・積極・共感・受容的傾聴が効果をあげるためには、関係する人が

a　基本的態度に人間に対する尊敬と信頼をもたなければならない

b　技術が巧みでなければならない

c　性格が明るくなければならない

d　知識が豊かでなければならない

(6)　誠意・積極・共感・受容的傾聴を実行しつづけると、部下は

a　おとなしく上司に従うようになる

b　感情を抑えることができるようになる

c　上司を頼りにするようになる
d　自分自身で問題解決ができるようになる

(7)　相互に理解・納得し、信頼し合うことができるような共感的理解とは
a　相互に理解し合うことである
b　相手の立場に心から同情することである
c　相手のいうことに同情することである
d　相互に理解し合い、信頼を基調に共に相手の立場に立って感じ合うことである

(8)　自分の立場にいこじに固執しないで、謙虚に他人の心の中に入り、他人の立場を共感的に理解しようとすることは
a　自分が変えられてしまう危険を冒すことでもある
b　誰にでも容易にできることである
c　努力しても成功しないから、無理しないほうがよい
d　自己自身を見失うことである

(9)　理解ある誠意、率直な受容的傾聴の実行には、なによりもまず
a　心理学の知識や心理療法の技術が必要である
b　勇気が必要である

c　思いやりが必要である
d　自分の立場を守り切れる自信が必要である
⑽　どうしても自分の立場を主張する場合には、その前提として
a　相手が傷つかないようにする配慮が必要である
b　相手が従う気持になるような下地作りが必要である
c　相手に代って、その考えや気持を要約できるほど、よく理解することが必要である
d　相手の立場を一旦棚上げにすることが必要である
⑾　お互いの意思疎通の過程で、特に大切なことは
a　迅速に結論を出すように努力することである
b　お互いの間の緊張を避けることである
c　お互いの考えや言葉の内容に筋を通すことである
d　お互いの間に起る感情の相互作用に眼を向けることである
⑿　聴き手が話し手のいうことを、理解し受け入れてくれていることを悟ると、一般に話し手は、
a　「私は一〇〇%正しく、あなたが一〇〇%まちがっている」という態度になる
b　「私は一〇〇%まちがっており、あなたが一〇〇%正しい」という反省が生れ

る

c　誇張した発言が少なくなり、繰り返してくどくどと自分の主張を述べるようなことがなくなる

d　自分のほうがまちがっていたのではないかと、自己批判をするようになる

(13)　部下が上司の意見に反対したとき、上司はなによりもまず

a　自分の意見をもう一度ていねいにわかりやすく説明してやらなければならない

b　部下の意見を抑え、自分の意見を強く打ち出さなければならない

c　部下の反対意見を黙って聞いておくことが大切である

d　反対意見を出したい部下の気持を受け入れることが大切である

(14)　部下が上司の言動に不満の意をあらわしたとき、上司はなによりもまず

a　部下の不満の気持を積極的に聴き取ることが大切である

b　自分の言動の理由を説明して、納得させることが大切である

c　自分の気持を説明して、部下をなだめることが大切である

d　部下の不満をそらすことが大切である

(15)　部下と上司の間で最も大切なことは

a　仕事を事務的に処理できる程度の意思の疎通があればよい

b　私生活にまで立ち入った交際が必要である
c　仕事のうえでの協力者としての、気持のふれ合いができることが望ましい
d　お互いに深い意思の疎通がないほうが好ましい

(16)　誠意・積極・共感・受容的傾聴で、最も避けるべきことは
a　相手の言動をすぐ否認または是認することである
b　自分の気持をあらわすことである
c　相手の本当の気持をいわせることである
d　相手が、劣等感や失望感を語り始めるように仕向けることである

(17)　誠意・積極・共感・受容的傾聴では、まず第一に話相手の心の内側に入り、相手の立場から物事を見る必要があるが、さらに相手に向って
a　自分の立場から考えたことを伝えなければならない
b　相手のために役立つと思うことを伝えなければならない
c　相手のまちがった考えを教えてやらなければならない
d　相手の立場から物事を見ている事柄を伝えなければならない

(18)　人が伝えようとする事柄には、ふつう次のような要素がある。それは
a　伝えようとする内容と、その底にある感情や態度である
b　仕事上のことと、私生活上のこととである

c　事実と、それに対する自分の意見である
d　事実と、それに対する参考資料である
(19)　意思の疎通は
a　すべて言葉によって行なわれる
b　言葉や、文書や記号などによって行なわれる
c　言葉や、文書、記号、表情、身ぶり、目くばり、雰囲気などによっても行なわれる
d　沈黙によって行なわれる
(20)　自分に敵意ある言動を示されたとき、われわれは
a　反撃したくなるが、それを抑えて冷静に相手をさとさなければならない
b　自分がくじけそうになるが、心の動揺を顔に出してはならない
c　全身をもってその言動を受容しようとしなければならない
d　誤解を解くために、誠意をもって相手とよく話合わなければならない
(21)　敵意や悪感情の表現に対処するのに比べて、真の深い敬愛や誠意的感情を受容的に扱い、行動に結びつけていくのは
a　かなりやさしい
b　中途半端にできないから、かえってむずかしい

c　問題にならない
d　気持に混乱が起りやすい

(22)　誠意・積極・共感・受容的傾聴を行なうとき、聴き手はまず第一に
a　自分の感情は抑えたほうがよい
b　自分の感情が悪感情であるときは、正直に表現するのは避けたほうがよい
c　自分の感情がどのようなものであれ、それを誠実に、正直に表現できることが必要である
d　自分の感情が好ましいものであれば、率直に表現すべきである

(23)　自分の心の中に、誠意・積極・共感・受容的傾聴を妨げるようなものがあるときは
a　それを抑えて、傾聴しつづける努力が必要である
b　それは傾聴の妨げになるから、早く忘れるように努力するほうがよい
c　相手に傾聴しているのだから、そのようなものに気づくはずがない
d　まず自分自身に耳を傾け、それを正確につかむ必要がある

(24)　一般に職場において、部下と協力しながらよい実績をあげている管理・監督者は、まず第一に
a　末端の事務的処理的仕事に時間を費やす傾向にある

b　事務的処理が、規則や規定にそって行われているかどうかの統制的な面に時間を費やす
c　生産性向上を基調にした人間関係の面により多くの時間を費やす
d　自分のカラに閉じこもって、部下との意思疎通や指導に精力を使わない

(25)　管理・監督者は日常業務の遂行において、まず第一に
a　ミスがなく、規則違反をおこさせないようにまじめな努力をつづけなければならない
b　お互いの分を守るように過度な行動は慎しまねばならない
c　仕事を能率本位に考え、人間的なふれ合いは最小限にとどめねばならない
d　自分の集団の問題について部下たちとともに考え、集団と部下たちの合一的発展のために努力しなければならない

(26)　誠意・積極・共感・受容的傾聴を実行しようという決心はまず第一に
a　経営幹部からしなければならない
b　その知識を完全につかんでからしなければならない
c　各自がそれぞれの立場でしなければならない
d　上役と部下の相互で行なわなければならない

(27)　われわれは職場の中でまず第一に

a　一方的評価やおしつけ的説教傾向ではない、行政的または経営的自由と理解・信頼のある風土をつくらなければならない

b　きびしい規律のある、楽しい風土をつくらなければならない

c　親しみのある、楽しい風土をつくらねばならない

d　仕事上に、誤りが発生しない、きちんとした風土をつくらなければならない

(28)　われわれは幼年時代から、経験・体験などを通して自分の信念・自画像をつくり上げてきたが、これを変えることに対しては

a　よろこんで従うものである

b　無関心である

c　脅威と不安を感じ、抵抗するのがふつうである

d　絶対に抵抗する

(29)　われわれは自分の信念・自画像に合わない経験をすると

a　自分の信念・自画像を守るために、現実の経験のほうを否認しようとする

b　自分の信念・自画像を守るために、過去に逃避する

c　自分の信念・自画像のほうを容易に修正する

d　自分自身を見失ってしまう

(30)　誠意・積極・共感・受容的に傾聴することは、個人の信念・自画像を一方的に

傷つけるようなことにはならない。だからわれわれは
a　自分の信念・自画像を変えなくてすむ
b　相手のいう通りに自分の信念・自画像を変えるようになる
c　自分の信念・自画像がどの程度社会的・現実的であるかを、自分自身で判断し決定する
d　いっそう、自分の信念・自画像を固めることができる
（産業能率大学教育資料・・筆者調整）

表（3―3～3―5）は現代的リーダーシップを発揮するために必要なコミュニケーションに関する チェック事項を経営組織の階層別に整理したものである。

表3―4　チェックリスト（経営者用）

あなたのコミュニケーション度をチェックして下さい。

1　管理者に対するコミュニケーション
①権威的ではなく、謙虚に意見具申を受容するようにしているか
②経営点観点から、上意下達と下意上達を有機的に統合しているか

③都合のよいことだけでなく、経営上必要なことは都合の悪いことも報告させるような雰囲気づくりと聴く態度、姿勢をとっているか
④経営者クラスの会議などに出席させた場合に、遠慮なく、積極的、率直に意見を述べさせるような助言・指導をしているか
⑤会社や部門の目標や方針を適時・適正に説明し、十分に理解・納得させる機会を作っているか
⑥目標はその実施過程で適時に報告を求め、その充実をはかるための助言・指導をしているか
⑦成果は管理者自身にも評価・反省させ、話し合いを通じて相互に次の発展を期しているか

2　一般社員に対するコミュニケーション

あなたのコミュニケーション度をチェックして下さい。

①企業は協働の体系であり、そのためには経営者と社員との理解と信頼が経営の基本であるとの認識をもって、社員と接触しているか
②企業目標を達成するためには、経営者の考え方や企業目標及び方針を社員に理解・納得させることが重要であるとの認識をもっているか
③指揮の統一、命令の一貫性など管理原則を重視しながら率直・積極的に社員と

交流する機会を持っているか
④年頭方針や経営方針の発表を社内報などの媒体を通して、経営者の考え方目標・方針などを分かりやすく納得させるように説明しているか
⑤提案制度や会議を通しての意見、あるいはこのような制度や会議を通さない意見具申などを経営的に活用し、参画意識を持たせるようにしているか。

表3—5　チェックリスト（管理者用）

あなたのコミュニケーション度をチェックして下さい。

1　経営者（上司）に対するコミュニケーション

①積極、率直に意見具申をしているか
②管理的観点から、上意下達、下意上達を有機的に結合する態度で接しているか
③都合の悪いことでも経営者（上司）に理解してもらわねばならないことは、恐れず報告しているか
④経営者クラスの会議に出席させられた場合、積極・率直・大胆に必要なことについて意見を述べているか
⑤会社や部門の目標・方針などについて納得するまで確かめているか

⑥業務の遂行過程で、適時に報告をし、その充実をはかるため謙虚に助言・指導を受けているか

⑦成果については、まず自己評価して反省し、上司からの評価を建設的に勇気をもってうけとめ、個人と組織の発展を合一化させる助言、指導を求めているか

2　同僚・他部署に対するコミュニケーション

①自部門の目標や方針を知らせ、他部門からも知らせてもらっているか

②必要に応じて共同目標を立て、実施段階でも情報の交換をしながら、目標達成に努力しているか

③自分の仕事の成果について、同僚に意見を求め助言を受けると共に、同僚に対しても助言を与えているか

④人事・生産・販売・購買・財務その他の業務に関し、経営方針にもとづいて細部の目標方針を相互に調整、協議の上で設定しているか

⑤利益計画・資金計画・設備計画・組織計画・販売計画・生産計画・購買計画・研究開発計画・改善合理化計画などの経営計画を相互に調整しながら具体的な自部署の目標・方針を達成しているか

⑥正確な情報・数値、客観的事実などに基づいた公正な立場から、相互に助言、協力、反省し合っているか

3　部下に対するコミュニケーション

①各成員が一体になって組織全体の目標・方針にそってそれぞれの目標を達成する必要があることを部下に理解・納得させているか

②経営層が決定した事項を経営的・納得的に受けとめ部下に伝達・理解・納得させているか

③専断・強情を排して経営的公正・厳然とした態度を維持しながら、参画を重視して部下の欲求・意見を積極的に受容しているか

④職場会議や職場懇談会などを定期的に行ない、部下の積極的な意見や苦情・提案などを率直に傾聴しているか

⑤自分の目標・方針を示し、部下自身にも自主的に目標を立てさせるような助言、指導を行なっているか

⑥業務の遂行過程でよいこと悪いことを問わず、適時に状況の報告を積極的に率直にさせるような姿勢・態度をとっているか

⑦誕生日面接を行なったり、いろいろな機会をとらえて個人的な悩みの相談を誠意をもって受け入れているか

⑧仕事の成果の評価・反省を自主的に行なわせ、上司としての評価・意見を述べて部下の能力向上に役立たせているか

⑨自由な意見具申を歓迎し、上司としての自分に欠けている点も積極・率直に指摘させ、勇気をもって受容・改善しているか

⑩提案制度などを積極的に利用して部下の意見を吸収し、良い提案については実行し、提案することの喜びを与えているか

⑪部下の意見・要求をよく聴いて、その正否をよく考慮したうえで、経営的・適切な決断をし、部下を理解、納得させているか

⑫部下を批判しなければならないことが発生したときは、かげにまわって言うことなく、直接本人に誠意をもって助言しているか

⑬用事があるときだけでなく、自分から進んで部下に近づき、部下がもっている問題を真剣に聴いて、共に問題解決に取り組んでいるか

⑭業務上の重大変更事項は事情が許す限り部下の意見を聴き、事前に納得させるように努めているか

⑮話し合いの姿勢・態度は、つねに相手の人間性・立場を考えながら、しっかりと焦点を把握して進め、真実を理解するようにしているか

表3―6　チェックリスト（一般社員用）

あなたのコミュニケーション度をチェックして下さい

1　管理者（上司）に対して

①率直・積極的に事実をまげることなく適時、適正に連絡・報告をしているか

②上司の不快感を誘発するような報告や相談も、表現と態度、雰囲気などを工夫、考慮して提供し、受理してもらえるように真剣に努力しているか

③上司や部署の目標・方針を充分に確かめ、理解・納得し熱意をもって仕事を行なっているか

④業務を効果的に展開するための上司からの助言や苦言を受容し、自己の成長、組織向上に結びつけているか

⑤自分が提案した改善事項が成功しても、それは上司が容認・支持してくれたものとしておごらない言動をとっているか

⑥カゲで上司の悪口を言わず、率直に自分の考えを上司に述べているか

⑦上司の無能ぶりが明白で、だれの目にも否定しがたく、そのためにグループ全体の組織活動ができにくくなった場合には、私心のない態度で上司に実情を伝

え、経営的善処を誘引するようにしているか
⑧上司の目標、方針にそった自己の目標を自主的に設定し、上司の助言、指導を受けながら最終決定をしているか
⑨目標の実施過程では適時・適正な報告を行ない、必要な助言・指導を受けて実施効果を挙げるようにしているか
⑩成果の評価・反省を自主的に行ない、上司の評価を求め、助言・指導を受けて、能力の発見・啓発・発揮に反映させているか
⑪外出先からも適時、適切な連絡や報告をしているか
⑫職場でなんらかの異常が発生した場合、責任をもってその処理に当たるとともに、必要に応じて迅速・的確に連絡・報告をしているか

2　同僚、業務関係者に対して
①仕事に必要な経営情報は、適時、適切に利用できるか
②例外事項が発生した際の処理の仕方が明確になっており、業務に支障がおきないか
③仕事について自分の意見を率直に述べられる雰囲気があるか
④新しいアイデアを出し合い、改善しながら仕事にとり組んでいこうという創造的雰囲気と仕組みがあるか

⑤業務処理能力向上を目指して、お互いに知識や技能さらに態度などの向上改善をはかろうという雰囲気と仕組みがあるか
⑥それぞれの仕事について成果をお互いに十分検討分析し、次の仕事に反映させるという努力が行なわれているか
⑦定形的連絡以外に、都合が悪いことも含めて、間違いのない情報が率直・積極的に交流されているか
⑧仕事に関連ある他部署の担当者との間に対立、葛藤があり、仕事に支障が発生してはいないか
⑨仕事上で必要なとき、同僚や関連部署担当者はお互いに業務をやりくりして助け合っているか
⑩組織全体の目標、自部署の目標、業務上関連のある他の現場の人たちの目標や立場をよく理解しているか
⑪レクリエーションその他の催し事にも積極的に参加し、相互の親和的協力がはかられる努力をしているか
⑫情報管理制度（事務管理制度、文書管理制度、ファイリング・システムなど）が確立され、実際に機能しているか
⑬会議が形式化されず、目的にあったように設定され、よい人間関係を維持し、

業務を有効に進めるのに役立っているか
⑭お互いの仕事の成果を率直・公平に評価し合ってはげまし合っているか
⑮職務権限規定や事務手続規定、生産管理規定その他の緒規定を厳守しすぎて業務上改善できることもそのままにしてしまうという、形式偏重の雰囲気をとり除く努力がされているか

本文注

(1) 無関心圏とは組織の貢献者が、権限の有無を意識的に反問することはなく命令を受容する心理的な一定の範囲のことである。

(2) C.R. Rogers & F.J. Roethlisberger Barriers and Getway to CommuniCation, Harvard business Review, July & August, 1952.
C.R. Rogers & R.E. Farson ACtive Listening, Industrial Relations Center, The University of Chicago, 1957.
CCテスト（Concept Clarification test：理解促進テスト）とも言われるがCCD（Concept Clarification Discussion）とするのが参画重視の理解促進の討議法である。

表3—3の正解は

(1) c. (2) b. (3) c. (4) d. (5) a. (6) d. (7) d. (8) a. (9) b.
(10) c. (11) d. (12) c. (13) d. (14) a. (15) c. (16) a. (17) d. (18) a. (19) c. (20) c. (21) b.
(22) c. (23) d. (24) c. (25) d. (26) c. (27) a. (28) c. (29) a. (30) c.

Ⅳ　行動科学的リーダーシップ発揮の基本能力

1　管理、監督者としてのリーダーシップ

管理・監督者の最重要事は部下をつかって成果をあげるという管理の仕事である。組織にとって不可欠な管理・監督者の任務を行動科学的に遂行するためには、リーダーシップを発揮させるための能力が必要である。

管理・監督者としてリーダーシップを発揮させるための能力は次の通りである。

1　組織の目標を達成するための知識・技術・手段・方法などを発見・啓発・発揮する能力

2　総合判断的視点から、関係業務を調整・結合する能力

3　組織体を構成するすべての人々を、協力的に組織全体の目的・方針にそってそれぞれの目標を達成させるように仕向ける能力

4　最高経営層が決定した事項を経営的に受けとめて部下に伝達・理解・納得させ、自主・自律的に行動をとらせる能力

5　管理・監督する部署全体の活動が、組織目的に合致して効果的にすすめられているかどうかを把握する能力

6　技術的専門家を適正に選び、最高の仕事が出来るように彼等を抑圧することなく動機づけ、有効・賢明にその専門的知識・技術力を発揮させる能力

7　管理・監督のあり方を常時反省して、それを自己啓発に反映できる能力

表4―1　リーダーシップの現状分析表　Ⅰ

☆あなたの職場におけるリーダーシップの現状を分析評価して下さい。分析評価の基準は一点（最低）、五点（普通）、一〇点（最高）として一〇段階とします。

①　人材の活用……（　）点
部下（後輩）の能力を信頼し、常に自主・自律的能力開発を支援し合う。

②　責任感……（　）点
仕事・成果の後始末、フォローアップをおこない、着実にグループ全体の向上をはかる。

③　意見の交換……（　）点
可能なかぎり率直、積極的に意見を交換し、納得のいく結論を出すようにする。

④　協力性……（　）点
全社的な利益を優先しながら部下（後輩）の士気をおとさないように努力する。

⑤　上司への責任……（　）点
誠意をもって表裏なく補佐する。
⑥　統率力……（　）点
みずから率先し、信頼をもって部下（後輩）がしたがってくるようにする。
⑦　人格・人間性……（　）点
人間的魅力・人を引きつける個性があるだけでなく、たえず互いに人格形成に努力する。
⑧　評価……（　）点
成果・努力などを多角的に分析し、評価を公正に行ない部下（後輩）の育成へ反映させる。
⑨　誠実……（　）点
ごまかし、いいつくろいをせず、成果は常に部下（後輩）を中心に公正に評価し、常に協働効果をあげるよう努力をつづける。
⑩　決断力……（　）点
決断が明快・迅速で、総合的・長期的視点にも立ったものなので関係者の協力が得られる。
⑪　方針の決定・明示……（　）点

上司としての基本方針を経営的視点から立て、部下に周知・納得させて実行効果を大きくする。

⑫ 権限委譲……（　）点
大筋を抑えて、あとは部下（後輩）を信頼し、必要な権限を委譲してやらせ、結果を総合的に評価・反省する。

⑬ 積極性……（　）点
重要度の高いものをのばし、価値が小さくなったものは勇気をもって捨て、創造的・建設的な仕事のすすめ方をする。

⑭ 折衝力……（　）点
誠意と熱心さがコミュニケーション技術と密着して、むつかしい折衝をうまくまとめる。

⑮ 実行力……（　）点
困難な問題に当たっても部下（後輩）・上司および同僚などと協力して、情熱をもって意欲的に目標達成に努力する。

⑯ 機動性……（　）点
意思決定や行動が適正・適時的で、しっかりとした理論にうらづけられているので関係者の納得的協力が得られる。

⑰ 企画性……（　）点
高度な内容をもっているが、それを支える人々のことも十分考慮して、意欲的なものをとりあげる。

⑱ 判断力……（　）点
総合的観点から、事柄の重要度を多角的・専門的・適正に弁別して判断をおこなうようにする。

⑲ 理念……（　）点
経営や義務の基本理念について、深い洞察にもとづく信念・哲学をもって行動する。

⑳ 堅実性……（　）点
目標達成のために、極めて効果的な方針・対策を立て・しかも各人の自主性・自律性を尊重する。

＊合計……（　）点　評価＝合計点÷二〇

九・〇〜　大変すぐれている　八・〇〜八・九　すぐれている
七・〇〜七・九　かなりよい　六・〇〜六・九　ややよい
五・〇〜五・九　普通　四・〇〜四・九　ややわるい
三・〇〜三・九　かなりわるい　二・九〜　非常にわるい

（表4―2参照）

8　部下個人をチームとして結合させ、チーム・スピリットを育てあげ、全員の努力を統合的な成果とさせる能力

9　部下全員を、全体との関連のなかで各人それぞれが有意義な仕事に従事しているというように認識させる能力

10　経営成果を得るため、部下自身にそれぞれ自主・自律的に役割意識をもって仕事に精を出す必要があると思わせ、行動をとらせる能力

11　知識・技術を吸収するだけでなく、それを正しいと思う方向で断固実行にうつす意思決定をする能力

12　部下自身に対して、迷うことなく、上司の指示・命令を納得・信頼的に受容し、実行する必要があると思うようにさせる能力

13　情報・証拠などを収集・比較し、他の可能性を考慮し、部下・上司・同僚から支持を得るような決断能力

14　専断・強情を排して関係者の意見を尊重しながら厳然とした態度で行動し、自信をもって決定した判断を実行できる能力

15　自分の選んだ行動についてはどのような場合にも責任をとることができる能力

16　部下に対して、部下自身が、自分たちも責任を分担して仕事をし、成果をあげてやろう、というような気持をおこさせる能力

17　過ちをおかした場合は、いこじに役割や立場に固執しないで、率直にそれをみとめ、反省をふまえて再出発することができる能力

18　率直、公正、達識を指向して行動し、部下からの敬愛をかちうる能力

19　決断力とは、絶対の不変と確実を意味するのではなく、環境に対して弾力的適正に物事を決めることであるとの認識をもつことができる能力

20　些細な事柄でも誠意的に即時決断する習慣をつけることによって総合判断力を謙虚に確立していく能力

21　意見の一致を得ることと、意見の一致があり実行に移すときがきたという事実に基づいて最終的に決断する必要があること、との区別を弁別することができる能力

22　部下の能力を発見・啓発・発揮させることができる能力

表4-2　リーダーシップの現状分析(例１)

項	(1)						(2)					
目	企業			役所			企業			役所		
No.	管理者自身による評価	部下による管理者の評価	評価差	管理者自身による評価	部下による管理者の評価	評価差	管理者自身による評価	部下による管理者の評価	評価差	管理者自身による評価	部下による管理者の評価	評価差
①	7.3	5.7	1.6	6.9	6.1	0.8	8.5	8.0	0.5	7.2	6.5	0.7
②	6.2	5.9	0.3	7.2	5.4	1.8	8.6	5.4	3.2	8.0	8.0	0
③	7.6	4.9	2.7	7.4	5.3	2.1	8.6	4.7	3.9	7.5	6.0	1.5
④	7.7	5.9	1.8	7.5	5.0	2.5	8.0	5.4	2.6	7.7	7.0	0.7
⑤	7.9	7.9	0	8.1	7.9	0.2	9.0	6.0	3.0	8.3	8.0	0.3
⑥	8.1	6.4	1.7	7.4	4.5	2.9	8.0	5.0	3.0	7.3	6.6	0.7
⑦	7.1	5.0	2.1	7.4	5.5	1.9	7.5	7.2	0.3	7.8	7.2	0.6
⑧	7.8	6.1	1.7	6.5	4.0	2.5	7.0	6.2	0.8	6.8	6.3	0.5
⑨	7.5	5.5	2.0	7.0	5.2	1.8	8.6	5.0	3.6	8.3	7.7	0.6
⑩	8.2	6.2	2.0	7.5	6.6	0.9	8.2	6.0	2.2	7.8	7.0	0.8
⑪	7.5	4.9	2.6	7.6	5.2	2.4	8.0	5.3	2.7	8.4	7.5	0.9
⑫	7.6	6.1	1.5	7.0	4.9	2.1	8.3	5.0	3.3	8.0	7.1	0.9
⑬	7.8	6.3	1.5	6.5	5.2	1.3	9.2	5.8	3.4	7.4	7.0	0.4
⑭	8.1	5.8	2.3	8.0	6.6	1.4	7.0	6.3	0.7	7.4	8.0	0.6
⑮	7.5	7.5	0	8.0	6.5	1.5	8.9	6.6	2.3	7.7	7.0	0.7
⑯	7.3	6.4	0.9	7.4	6.6	0.8	9.0	5.5	3.5	6.8	6.0	0.8
⑰	8.2	7.1	1.1	7.0	6.2	0.8	8.2	6.4	1.8	8.0	7.2	0.8
⑱	7.9	7.9	0	8.5	7.2	1.3	7.2	9.0	1.8	8.2	8.0	0.2
⑲	6.5	5.1	1.4	6.0	4.8	1.2	9.0	6.1	2.9	7.0	8.0	1.0
⑳	7.0	5.7	1.3	6.8	4.9	1.9	9.0	7.3	1.7	8.2	8.5	0.3
平均	7.54	6.11	1.49	7.65	5.73	1.92	8.29	6.01	2.28	7.69	7.23	0.46

☆評価尺度…最低１～最高10

表4-3　リーダーシップの現状分析表　Ⅱ

つぎの質問について、あなたの直接の部下または上司を総合的にとらえ、該当する数字を入れて下さい。同じ要領で自分自身についても行なって下さい。（直接の部下が数人になる場合は個人別にとらえるか、数人を総合的にとらえるか、どちらかの方法をとって下さい。）

☆あなたの職位……（　　　　　）

☆今回評価した直接の部下（たとえば部長の部下の課長）の数……（　　　名）

☆評価基準……1点：相当の努力が必要である

5点：普通である

10点：理想的である

№.	調　査　項　目	あなたの上司はⒶ	あなた自身はⒷ	あなたの部下はⒸ
1.	部下を信頼できるように十分な指導をしているか	点	点	点
2.	職務について十分自信をもって上司に説明できるか			
3.	仕事の知識や管理・監督者としての技能は十分か			
4.	部下を気持ちよく働かせる統率力があるか			
5.	命令の仕方が明瞭で親しみがあるか			
6.	先を見通して仕事の計画を立てているか			
7.	作業の準備や仕事のくばり方が適正でムダやムリ・ムラがないか			
8.	仕事のやり方や標準について質問されてもすぐ答えられるか			
9.	目標・計画の設定には上司の方針を十分にたしかめてから行なっているか			
10.	部下に自主的目標・計画を立てさせているか、部下の自主的設定に対するアドバイスや上司としての方針をはっきりと与えているか			
11.	目標の実施過程で積極的に状況の報告を上司に行なっているか			
12.	上司の欠けている点は誠意をもって率直に指摘し、補佐するようにしているか、意見具申は積極的にしているか			
13.	部下からの報告・意見具申が自由にできるような雰囲気をつくっているか			
14.	部下の成果の評価を本人にもさせて、よい点をのばし悪い点を改めるような理解・納得の指導的話し合いをしているか			

表4-4　リーダーシップの現状分析（例２）

設問No.	あなたの上司はⒶ	あなた自身はⒷ	あなたの部下はⒸ	設問No.	あなたの上司はⒶ	あなた自身はⒷ	あなたの部下はⒸ
1	8.4	8.5	7.8	16	7.4	7.8	7.6
2	8.4	8.9	8.0	17	7.9	8.2	7.7
3	8.5	8.6	8.5	18	8.0	8.3	7.9
4	8.2	8.3	8.3	19	8.1	8.0	7.9
5	8.0	8.3	8.2	20	8.0	8.1	7.7
6	7.9	8.1	8.0	21	7.8	8.3	7.9
7	8.1	8.3	7.8	22	8.1	8.2	8.1
8	7.7	8.0	7.9	23	8.0	8.1	8.3
9	7.9	8.4	7.9	24	8.1	8.0	8.2
10	7.7	8.0	7.9	25	7.6	7.7	7.7
11	8.1	8.1	7.8	26	8.1	7.9	7.6
12	8.0	7.9	7.6	27	8.1	8.7	8.3
13	7.6	8.4	7.7	28	7.8	8.6	7.7
14	7.6	7.7	7.4	29	7.7	7.9	7.7

管理者　課長クラス　７社　216名

23　要点を見きわめ、互いの関係や類似を適正・敏速に識別し総合化することができる能力

24　自己の能力を、部下や同僚・上司に不当な不信や怒りを買わせないよう機敏に、自信をもって示すことができる能力

25　自己の能力に対する過大評価をしないように常にいましめ、率直・謙虚な自己認識・啓発をたえず心がける、実践するできる能力

26　自己の本性的欠点を他の素質で補うことによって管理・監督者としての役割を果たそうとする奮起・向上をめざす努力を継続できる能力

27　突発的な事故で日常業務に支障を与えた場合、総合的な目標・計画を特殊事態に対応させて適切な指示を与え、全体としての組織のあり方を全成員に理解・納得させることができる能力

28　困難な事態に遭遇しても、新しいいくつかの考えを有意義・有用・有益に関連させて具体的な目標や計画に具現させることができる能力

29　誠意をもって熱心に、新しい弾力的な気持で根気よく、経営上の問題を継続的に追求解明することができる能力

30　意欲的に新しい考えを次々と生み出す能力をもった部下を、くさらせないように扱うことができる能力

31　創造力を生かし、人間的な接触を心がけながらも、一面では仕事・業績に対するきびしい、妥協しない経営的厳正さで対応することができる能力

32　部下、同僚、上司のすぐれた能力をみとめて優越感を与えるとともに自分も満足を感じながら協働できるユーモア的能力

33　部下その他関係者の個人的な事柄を冷ややかにとりあげず、心暖まる雰囲気を対応適時的に誘発させることができる能力

34　部下の創造力を継続的に養い育てる教育者的態度をとることができる能力

35　謙虚に誠意をもって成果を部下とともに反省・評価し、喜び、悩みながら、相互に向上のために協力し合うことができる行動科学的能力

表4―5は以上の諸項目を中心に管理者自身によるリーダーシップの能力分析と、部下（係長クラス）および上司（部長クラス）からの能力分析をおこなった最近のものの対比表である。全体的にリーダーシップ能力についての評価は相当きびしい面がでている。

表4-5　管理者としてのリーダーシップ能力の現状分析

調査項目 No.	部下(係長クラス)からの評価		管理者自身(課長クラス)の評価		上司(部長クラス)からの評価	
	7社 643名	15市 507名	17社 162名	15市 169名	17社 75名	15市 66名
1	6.9	6.5	7.5	7.3	7.2	7.6
2	7.1	7.0	6.8	7.1	6.5	7.0
3	6.8	6.6	6.4	6.3	7.1	7.1
4	6.6	6.4	6.5	6.7	6.7	7.1
5	6.6	6.7	7.2	7.0	7.3	6.9
6	6.3	6.1	6.5	6.3	6.6	6.8
7	6.4	6.2	6.9	6.6	6.5	7.1
8	6.3	6.0	6.5	6.4	6.7	6.4
9	6.6	6.3	7.2	6.5	6.9	6.7
10	6.5	6.3	6.6	6.3	7.1	6.4
11	6.8	6.2	6.9	6.7	6.4	6.8
12	6.7	6.5	6.5	6.8	7.1	6.6
13	6.4	6.6	7.0	6.9	7.2	6.5
14	7.0	6.5	6.8	6.7	7.0	6.4
15	6.9	6.8	7.3	7.1	7.5	6.9
16	6.9	6.6	6.7	6.9	7.0	6.7
17	6.7	6.5	6.6	6.9	6.8	6.7
18	6.6	6.6	6.5	6.4	7.0	6.8
19	6.7	6.9	7.2	7.1	6.9	7.0
20	6.8	6.7	6.7	6.8	7.1	6.9
21	6.8	6.7	6.6	6.5	6.7	6.8
22	6.7	6.5	7.2	7.1	7.2	7.0
23	7.0	6.9	7.1	7.3	7.2	7.1
24	6.6	6.7	6.5	6.7	7.0	7.2
25	6.8	6.7	6.7	6.8	7.1	6.9
26	6.8	6.6	6.9	7.0	7.1	7.0
27	6.7	6.7	6.5	6.6	6.6	6.7
28	6.8	6.5	6.7	6.6	7.0	7.1
29	6.5	6.7	7.2	6.5	6.7	6.9
30	6.4	6.5	6.6	6.4	6.6	6.7
31	6.7	6.6	6.9	6.5	6.7	6.5
32	6.4	6.3	6.5	6.3	6.9	6.6
33	6.8	6.8	6.7	6.5	6.8	6.7
34	6.8	6.7	6.9	6.6	6.9	6.5
35	6.7	6.5	7.2	6.9	7.0	6.8
平均	6.68	6.55	6.82	6.71	6.91	6.82

2 先輩としてのリーダーシップ

リーダーシップは、公的リーダーすなわち企業、官公署などの組織における経営幹部、管理・監督者だけに求められるものではない。

集団や組織において先輩が後輩に与える影響は、公的リーダーにひってきするほど高いものがある。管理・監督者のリーダーシップ発揮を支える能力と共通する面も多いが、次に先輩として行動科学的にリーダーシップを発揮するうえで求められる能力について述べることにしよう。

組織における先輩として、行動科学的にリーダーシップを発揮するために必要な諸能力をあげると次記の通りである。

1 後輩に対して先輩的おうへいな態度をとらず、目標を定め、問題を提起し、集団・組織における経営的活動の正しい方向づけができる能力

2 後輩たちが、上位の管理者・監督者に対して、彼等を先輩としてすぐれた指導力があると率直に上申するような知識・技術や態度を身につけることができる能力

3　問題を明快に分析し、上司や同僚・後輩にわかりやすく説明し納得させることができるコミュニケーション能力

4　暖かい心、組織構成者としての立場を理解しての断固とした態度、慎み深さなど人をひきつける個性的能力

5　上司の命令・指示をうのみにせず傾聴の態度をとり、後輩の提案をおさえず必要に応じて上司へ積極的に仲立ちする心の広さを感じさせることができる能力

6　後輩から、形式的・説教的な職場の先輩・指導者としてながめられるのではなく、直観にのみ傾らず、仕事への責任感・義務感に満ち、上司・同僚・後輩の考えを引き出して、実際化させるためわかりやすく他の人々に働きかけ、説き聴かせ納得させることができる能力

7　後輩の組織内における自我的偏狭な考えや行動を、集団的・組織的・経営的に、体験をふまえて誠意をもって説得し、変えさせることができる能力

8　後輩が担当する仕事の習得に向かって、後輩自身の関心を、積極・自主的に持たせるように助言することができる能力

9　管理・監督者の権威・命令的業務指導を、緩衝材的立場に立って後輩に受容さ

せ、経営的に有効に実行化させせることができる能力

10　自分の職場での仕事は、自分の成長と組織の発展をともに実現させせることになるのだという気持ちを、後輩に抱かせることができる能力

11　仕事を理解し工夫すれば、仕事を楽しむことができるし、承認される機会も多いのだという職務拡大・職務充実の気持ちをなるべく早く後輩に持たせることができる能力

12　この先輩から是非いろいろなことを指導してもらいたいという欲求を後輩におこさせることができる能力

13　後輩に対して、先輩から先導されることを望む気持を抱かせるような人柄と実力をつけ、先導されるべきことについては、先導されることが後輩自身のためにもなるのだと思わせることができる能力

14　目新しい目標や計画や情報などを、後輩が現在知っていること、やっていることなどと関連させて示し、理解・納得させることができる能力

15　後輩が組織の目標・計画などについてどのような見解・関心をもっているかを見通すことができる能力

16　後輩の全能力を発見・啓発・発揮させることができる能力

17　後輩の経営的行動に良好な変化をもたらすことができるように、後輩にいろいろなことを教えることができる能力

18　知的・感情的・肉体的などいろいろな面で、後輩を指導・育成することができる能力

19　後輩の心の底にある信念や感情的先入観を経営的に役立つように変化させることができる能力

20　後輩が経営的知識・技術・態度などを習得し、非経営的見解を変え、組織の方針を受容し、自主的に目標の設定・実践・反省を行なうようにさせることができる能力

21　先輩として自ら組織の目標に情熱的・積極的に取り組むようにし、そのような考え方・態度や体験を、後輩にも持たせることができるような能力

22　経営的価値観に立って行動することによって、個人の欲求をみたすこともできるということを後輩に理解・納得させることができる能力

23　後輩を迷わせている諸問題の相互関連、解決の方法などに誠意をもって助言・

表4-6　先輩としてのリーダーシップ能力の現状分析

調査項目No.	後輩からの評価		中堅社(職)員自身の評価		上司(係長クラス)からの評価	
	6社1,387名	5市 693名	6社 375名	5市 210名	6社 72名	5市 63名
1	7.4	7.2	7.1	6.9	7.3	7.0
2	7.1	6.8	6.8	6.9	7.1	7.2
3	6.8	6.7	6.6	6.8	6.5	6.4
4	6.9	6.6	6.7	6.9	7.1	7.1
5	6.9	6.7	6.8	6.7	6.9	6.6
6	6.7	7.0	6.7	6.5	6.8	6.6
7	6.5	6.8	6.4	6.6	6.7	6.7
8	7.0	6.5	7.1	7.2	6.8	6.7
9	7.1	7.2	7.0	7.2	6.6	6.9
10	6.9	6.8	6.9	7.0	7.1	7.2
11	7.0	6.7	7.3	6.5	7.0	6.9
12	7.1	6.5	6.5	6.7	7.1	6.8
13	6.5	6.8	6.4	6.3	6.9	6.6
14	6.4	6.9	7.2	6.5	7.0	7.1
15	6.6	6.4	6.5	6.7	7.1	6.5
16	6.7	6.5	6.7	6.3	7.1	6.9
17	6.3	6.7	6.5	6.5	6.7	6.8
18	6.9	6.6	6.3	6.6	7.1	6.5
19	6.5	6.3	6.1	6.4	6.7	6.6
20	6.5	6.5	6.7	6.5	7.0	7.1
21	6.4	6.7	6.5	6.6	6.9	6.3
22	6.6	6.5	6.9	6.7	7.0	6.3
23	6.8	6.6	6.4	6.7	6.9	6.5
24	6.7	6.3	6.5	6.4	7.0	6.6
25	6.5	6.6	6.6	6.7	6.9	6.8
平均	6.75	6.67	6.64	6.67	6.93	6.74

助力を与えることができる能力

24　後輩にかかわる職場の問題を提示して、後輩にその問題がもたらす影響を体験させ、それによって新しい結論を得るように後輩を仕向けることができる能力

25　人間は純粋に理性にかなった結論だけで集団・組織の活動に協力するとは限らないことを認識し、必要に応じて大胆であるとともに地道に時間をかけて、熱意と誠実さをもとに後輩の指導育成にあたることができる行動科学的能力

表4―6は以上の諸項目を中心に中堅社（職）員自身によるリーダーシップ発揮のための能力分析と、後輩社（職）員および上司（係長・主任クラス）からの能力分析をおこなったものの対比表である。調査対象の幅の狭さから、客観的適正さを資料として保持できない面もあるが、一応中堅社（職）員としてのリーダーシップ発揮のための能力の実態をうかがうものとして参考にすることができるであろう。

3　部下、後輩としてのリーダーシップ

集団や組織において幹部・管理・監督者、その他の立場にある人々がすぐれたリーダーシップを発揮していくためには、部下・後輩の率直・積極的なリーダーシッ

プの発揮を容認・促進させる必要がある。部下が上司に対して組織の合目的的運営に有効な影響を与える力を補佐力という。リーダーシップが人々の活動を集団目標達成に貢献する方向に向けさせる影響力であるとすれば、補佐力をリーダーシップの範囲に入れることもできる。

このような観点からリーダーシップをとらえ、部下が上司・先輩に対してリーダーシップを発揮させるうえで求められる基本能力について述べることにする。

部下・後輩としてリーダーシップを発揮させるうえで必要な行動科学的能力は次記の通りである。

1　一定の権限を与えられ、仕事を通して特定の成果をあげるという責任を果すことができる業務遂行能力

2　仕事と組織の内情・目標・方針をよく理解し、権限・責任を委任されても支障を発生させないようにすることができる能力

3　担当の仕事についての知識・技術・態度などについては、上司の手をあまりわずらわせることなく行なうことができる能力

4　業務上の諸事態に賢明に対処し、事務上の事故や誤りを発生させない能力

5　上司・先輩から信頼されるに足るよう、適正に職場の問題を改善・解決できる問題解決・判断能力

6　定形的・非定形的日常作業の進行や異常の報告、形式的だけでなく適時・的確に行なえる能力

7　上司・先輩から報告を求められた際には困らなくてもすむような担当業務の理解と遂行能力

8　仕事を進めていくうえでのよい悪いの判断ができるだけでなく、よいと思うことを創造的に実行していく能力

9　上司・先輩の権限をうばう程仕事に熱心に取り組むが、上司・先輩が不快感を持たないような謙虚でまじめな態度がとれる能力

10　ぬけがけ功名・独善的行動により成果を独占することなく、必要事項の調整を同僚や関係者と意識的熱心に行なえる能力

11　上司・先輩の不快感を誘発するような報告事項も、表現や態度・雰囲気などを工夫して提供、受理してもらえるようにできる能力

12　欲求不満をなげやり的に解消することなく、職場に好影響を与えるような解消

表4-7　後輩・若手社(職)員としてのリーダーシップ能力の現状分析

調査項目No.	後輩からの評価		中堅社(職)員自身の評価		上司(係長クラス)からの評価	
	6社 375名	5市 72名	6社1,387名	5市 693名	6社 72名	5市 63名
1	6.4	6.7	7.3	7.5	6.9	6.6
2	6.5	6.8	6.8	6.9	6.7	6.5
3	6.9	6.7	7.1	7.0	6.6	6.8
4	7.0	7.1	7.2	7.1	6.9	6.9
5	6.5	6.7	6.7	6.8	6.5	6.7
6	6.9	6.5	6.8	6.6	6.6	6.5
7	6.8	6.7	7.2	7.3	7.1	6.8
8	6.7	6.5	6.8	6.5	6.7	6.8
9	6.5	6.7	6.7	6.6	6.8	6.7
10	6.7	6.8	6.6	6.7	6.7	6.5
11	6.5	6.6	6.8	6.5	6.8	6.3
12	6.2	6.6	6.5	6.3	6.5	6.7
13	6.5	6.3	6.4	6.6	6.7	6.4
14	6.7	6.2	6.3	6.5	6.6	6.5
15	6.7	6.5	6.5	6.4	6.6	6.5
16	6.0	6.1	6.2	6.1	6.2	6.3
17	6.3	6.2	6.1	6.0	6.4	6.2
18	6.4	6.4	6.5	6.3	6.5	6.3
19	6.2	6.2	6.0	6.1	6.3	6.1
20	5.4	5.7	5.8	5.9	5.6	5.5
平均	6.49	6.55	6.61	6.58	6.58	6.48

の考え方・行動をとることができる能力

13　自己主張が極端に強くて、独善的に走り、強情にいいわけばかりする同僚や関係者に対しても、長所を見付けて協力することができる能力

14　若気のいたり、経験不足、知識・技術の未熟などから失敗しても落胆せず、それを貴重な体験にして矯正発展に努めることができる能力

15　上司・先輩・同僚からの苦言も、自己発展・組織発展のためとして積極的に受容できる能力

16　上司・先輩が自分より年令・経験の面で下であったり、異性（特に一般的職場における男性に対する女性上司など）であったりしても、腹を立てず謙虚に補助していくことができる能力

17　自分が提案した改善事項が成功しても、それは上司・先輩・同僚その他の関係者が容認・支持してくれたものとして、おごらず謙虚な姿勢・態度をとることができる能力

18　どんなにしゃくにさわることがあっても、かげで上司・先輩・同僚や関係者の悪口をいわず、必要に応じて面と向かって直接自分の意見を述べることができる

能力

19 上司・先輩の無能ぶりが明白で、だれの目にも否定しがたく、そのために部署全体の組織的活動ができにくくなった場合には、私心のない態度で直接上司・先輩に実情を伝え改善・努力を求めるとともに、上層部に事実を適正・冷静に報告し、経営的善処を誘引することができる行動科学的能力

表4―7は以上の諸項目を中心に若手・後輩社（職）員自身によるリーダーシップ発揮のための能力分析と、先輩・中堅社（職）員および上司（係長・主任クラス）からの能力分析を継続的に行なったものの最近のまとめである。若手社（職）員のリーダーシップ能力に関する認識の動向の一端を理解することができる。

4 第一線職員・従業員としてのリーダーシップ

マネジメントにおけるリーダーシップ発揮の方法は、組織と統制の二面性を表裏のように駆使して他主・他律性をふまえながら、自主・自律性尊重の目標・計画の実現をはからせるということに基調をおかなければならない。組織構成者の意思・情報等の交流による相互の信頼は、リーダーシップ発揮のために必要不可欠な基本

要件である。

リーダーシップは、集団構成者が目標達成のために自由裁量的・効率的・有用的に活動するように環境・条件に対応しながら影響を与える力のことであるから、第一線・従業員職員にも当然求められるわけである。いいかえると、仕事の方向づけを、欲求充足（動機づけ）のあり方と関連づけ、環境の変化と有機的に結合し、成果の集積をはかるように統合することが現代的な管理であり、リーダーシップなのである。

次にあげるのは、第一線職員がリーダーシップを発揮させるうえで求められる能力のことである。

① 担当する業務を遂行するために必要な知識・技術・態度などを徹底的に自分のものにする能力
② 関係する顧客・取引先の歴史、組織風土、商品などを知悉・理解する能力
③ 第一線の仕事に関して公私を見分ける能力
④ 不遇にもじっと堪えて必要な知識・技術・態度を地道に身につけていく能力
⑤ 上司・先輩の知識・技術・態度などを謙虚に受けとめて、積極的に自分のもの

にしていく能力

⑥　もくもくと、誠意・情熱をもって担当する業務に関係する問題の解明に傾注できる能力

⑦　自分なりに仕事に対する十分な自信の養成と、組織の実情の的確な把握に努め、業務遂行に反する自己中心指向の政治的な軽挙妄動を抑えることができる能力

⑧　上司・先輩の性格・特徴・長所・短所を研究し理解して、扶助・補佐することができる能力

⑨　顧客・取引先などの甘い誘惑を公的立場で断ち切れる能力

⑩　上司の指示・命令を納得的に受けとった以上は、不満をいわず全力投球できる能力

⑪　実務こそ組織運営の原動力と考えて、実務に誠意・懸命な取組みが出来る能力

⑫　自分が属する組織を自分の家の分身だと思って、それを支えるために頑張ることができる能力

⑬　率直に勇気をもって、自分が考えていることを上司・先輩に述べ、上司・先輩からアドバイスを謙虚に受けとめる能力

⑭ 畏敬の先輩・上司の歩いた道から参考になることを積極的に学ぶことができる能力

⑮ 第一線職員・従業員はきびしく指導・育成・管理されるのが当たりまえと考えて、どんなことにも堪え、くじけてしまって業務をなおざりにするようなことのないような考え方・態度をとれる能力

⑯ 上司・先輩の経験に裏打ちされた話に謙虚に耳を傾け、利用できるものは積極的に受けとめ、誠意をもって創造的に実行していく能力

⑰ 調子が合わない上司・先輩・同僚にも積極的に接近し、長所を見付けて自分のものにするよう努めることができる能力

⑱ 上司・先輩・関係取引先担当者に、勇気を土台にしたしっかりとした態度をとるとともに、思いやりを持つことができる能力

⑲ 小さな約束ごとも的確に守り、上司・先輩・取引担当者その他関係者に迷惑をかけないようにする能力

⑳ 素直に自分をみつめて自己啓発・完成的欲求充足に努めることができる能力

㉑ 叱責に対して感謝の気持ちで受けとめ、誠意ある反省を示すことができる能力

㉒ 上司・先輩・同僚に対して礼を失するような態度をとらないようにする能力
㉓ 問題がおきたとき、妥協ではなく冷静に上司・先輩・同僚と理解・納得的結論を求める努力ができる能力
㉔ 上司・先輩・同僚に対して、未知・未熟練のことは誠意を持って教えてもらう態度を持続できる能力
㉕ 上司・先輩・同僚に対するエチケットを理解・習得し、実行し続けることができる能力
㉖ 必要以上に先入観にこだわらず、他人の知恵・知識・技術・態度などを好意的に受けとめることができる能力
㉗ 公平・公正・平等・組織中心の無私的な態度を持ち続けることができる能力
㉘ 業務上の誤りは率直に関係者に伝え、反省し、再び誤りを繰り返さないように努めることができる能力

5 討議指導者としてのリーダーシップ

話し合いは自分の主張を関係者に圧力的に強要するものではない。話し合いは討

議にも通じ、主張をかわし納得的行動を誘い出すために行なわれるものである。

民主主義の基本であるこの話し合いや討議のための会合は、「報告」、「相談」、「諮問」、「交渉」、「調整」、「研修」、「激励」、「注意」、「反省」などを目的として行なわれる。

討議や話し合いがわれわれの生活のうえでもつ意義と有用性は、
①　相互信頼のための基本訓練
②　客観的に事象をとらえる力の養成
③　共感的相互理解の確保
④　積極的授受による相互信頼の確保
⑤　参画の有意義性の理解
⑥　動機づけの高揚
⑦　誠意ある態度の醸成
⑧　民主生活の本質（社会の幸せと自分の幸せとの有機的結合）の理解
などと整理・要約することができる。

なお討議・話し合いなどを有意義なものとするためには、次頁に示しているような観点から、事後に反省・評価することは、集団効果性を高めるうえで非常に役立つと考えられる。

組織におけるリーダーシップについては、経営者や管理・監督者など、集団の統括者のみ求められるものではない、と度々主張してきた。リーダーシップは、組織や集団の諸機能の頂点にある一つの重要な機能である。要するにリーダーシップは、組織や集団の構成員が相互に作用し合い、影響し合わなければ発生することはない。

私はリーダーシップを、既述したように、「組織構成者個々人の力を特定目標・方針に結合させ、自主自律的・積極的に有効な行動を起こさせるように、組織構成者として組織・集団に影響を与える指導・補佐・協働的な力である」と主張してきた。したがって、リーダーシップは、人間の集団的活動に起こる普遍的な社会現象の統合化を実現させるうえに、誰かが影響を与える機能ともいえる。

民主社会の納得的充実をはかる重要な理念の具現化活動の基底にある討議や話し合いには、関係者全員のリーダーシップが必要であるが、ここではとくにそれについてとりあげてみることにする。

話合いや討議を有効化させる基本的手順が適正でないと、討議指導者としてのリーダーシップを高度に発揮しにくくなる。

《集団討議展開の基本的順序》

1　問題とその事情の説明

(1)　解決を求められている具体的問題の究明

①　その内容および中心点は何か

②　今ここで問題となっているその重要性および緊急性はどうか

③　その問題は、グループ全体および各成員に対してどんな意義をもつか

④　その問題を話し合う直接の目的は何か

⑤　その問題を理解するのに必要な、その背景および資料はないか

⑥　グループとして、その問題を話し合う用意があるか

(2)　問題解決の具体的要素の究明

①　問題に関連する事情は何か

②　問題に関連する事実は何か

③　問題に関連して関係者にどんな意見があるか
④　問題に関連してどのような要素を考慮しなければならないか
⑤　問題に関連して考慮する要素とそれをとりあげなければならない理由は何か

2　問題解決の過程管理の検討

(1)　問題解決と推定される具体策の探究と検討

①　解決を迫られている問題に対し、いくつの解決の方策がとれ、具体的方法が抽出できるか
②　解決の方策や具体的方法をとりあげてもよい理由は何か
③　解決の方策や具体的方法について、グループ全員が一致している点はあるか、ないか
④　解決の方策や具体的方法について、グループ全員が一致している理由、不一致の理由は何か
⑤　それらが一致している理由と不一致の理由は、事実によるものか、考え方や感情や態度によるものか

⑥ それらが一致した理由および不一致となった理由を検討・究明しておく必要はないか

⑦ 最終的には、問題解決の方策や具体的方法についてグループ全体の一致点を発見するようにつとめることができるか

(2) 問題解決の具体案の決定

① 検討された諸案のなかで、諸般の事情に最適の要素を備え、メンバーの積極的支持を得られる問題解決の方策・方法はどれか

② 前項が検討抽出できないときは、それに最も近い折衷案、あるいは妥協、中庸案はないか

③ 検討・抽出された解決の方策・方法案の基礎要素（事実・意見など）の再検討をしてみて、話し合い、討議の過程で見おとしがなく、なお当を得ていると判断できるか

3 問題解決の具体的実行案の設定

(1) 問題解決の方針と具体的実行案の検討・決定

① 解決の方策・方法を実行化させる計画はどうしたらよいか
② 計画を実行するうえでの見通しはどうか
(2) 実行担当者の検討・決定
① 実行担当のやるべきことは何か
② 実行担当の分担・権限・責任はどうなるのか

4 実行結果の評価・反省

(1) 問題解決案と結果との測定・評価
① 解決案通りの結果がでたか
② 解決案が妥当性にとんでいたか
(2) 実行過程に対する検討・反省
① 解決案を実施する細部計画が適当であったか
② 実行過程が協同的誠意的に充実管理されていたか
(3) 個人・組織への反映性の検討・反省
① 個人・組織への反映できる点はどんなことか

② 反省点を生かすには今後はどのような方策をとるべきか

《話し合い・討議のためのリーダーシップ能力》

討議指導者に求められるリーダーシップ能力を項目別にあげると次の通りとなる。

1 話し合いそのものを参加者によく理解させる能力
2 参加者相互をよく知り合わせるようにする能力
3 参加者に問題を正しく理解させ、参加者全員の間に理解のくいちがいが発生しないようにする能力
4 話合いを形式ばらずになごやかに進展させるようにする能力
5 参加者相互の情報・意思の交流を促進させる能力
6 参加者相互の無統制な議論のやりとりを温和に軌道に乗せることができる能力
7 参加者や特定な人を感情的に非難したりきめつけたりする者を、話し合い・討議の目的をそこなわず、納得的に抑止することができる能力
8 参加者の中で一番嫌われている人、あるいは一番くみしやすいと思われている人に、不平や不満が集中的になげかけられたとき、その犠牲者を公平に擁護でき

る能力

9 話し合いを活気あるもの（参画の必要性を感じさせ意義あるもの）にする能力

10 適切な質問を参加者に適時的になげかけることのできる能力

11 適正・適切な質問を参加者になげかけるだけでなく、相手の立場に立って参加者の意見を受容的に聴きとる能力

12 参加者があいまいにしかうけとめていなかった事項を明確にさせる能力

13 参加者の追求が不十分で問題がないと思っていたところから、真の問題を発見する能力

14 参加者が同じだと考えていたところに思わぬ差異があることを見出す能力

15 意見には各人各様、それぞれ差異が発生することを理解し、それを統合することができる能力（表4―8参照）

16 参加者が対立のみであると感じていたところにも調和の可能性があることを引き出す能力

17 参加者がうっかり見落としていたところに意外な重要性や、思わぬ矛盾があることに気付く能力

表4-8　集団討議の評価反省用紙

年　　月　　日 №

＿＿＿さんの行動をふりかえると　（　　）グループ（　　人）氏名（　　　　　）

	非常に	かなり	や　や	どちらともいえない	や　や	かなり	非常に	
協　力　的								非 協 力 的
冷　　　静								とりみだしやすい
落着いておだやか								落着かず大人げない
精力的で建設的								無気力でなげやり
思 慮 深 い								考 え が 浅 い
率 直 で あ る								率 直 で な い
きちんとする（誠意的）								いいかげんにする（不誠意）
けんきょで受容的								ごうまんで排他的
知 的 で あ る								知 的 で な い
実　際　的								実際的でない
創造的である								形式的すぎる
積　極　的								消　極　的
責　任　的								無　責　任
勤　　　勉								た い ま ん
傾聴的である								形式的な聴き方をする

注）1　自分自身をふくんでメンバーの行動評価（該当欄にチェック）を記入。
　　2　メンバーの評価人数（該当欄に記入）と、自分の評価（該当欄に○印）を記入。

18　参加者が軽視していた事柄が、実は参加者と重要な関連があることを発見し、助言できる能力
19　とりあげた問題について参加者の思考を刺激させる能力
20　参加者全員に発言させて満足感を味わわせる能力
21　いつも主題に参加者の注意を集中させ、なごやかな雰囲気のなかで脱線者をきびきびと注意できる能力
22　参加者が主題を自分に都合のよい、得意な方向に持っていこうとする際に温和に軌道修正ができる能力
23　主題の究明に役立たない的はずれの議論を主題に戻す能力
24　強引に何度も同じような発言をする参加者を抑圧することなく、それをもとにして他の人の意見を引き出すことができる能力
25　遠慮がちに発言する参加者には、積極的発言を促進させるように力づけができる能力
26　話し方が不得意な参加者に適時・適正に助け舟的助言ができる能力
27　均等に参加者の発言を求め、特定な人の意見にのみ全体が左右されないように

して全員に討議参加の満足を与えるようにする能力
28 現実遊離の抽象論や一般論を主題へ結合的に戻す能力
29 枝葉末節に気をとられて本筋を忘れた議論が多く、結論がすでに出たもののむしかえしを主題に戻す能力
30 一時に多くの事柄が無脈絡的に論じられ、各自各様の意見が交錯し、混乱が発生したのを主題に戻す能力
31 話し合う内容が体系づけられず、話合いのいきちがいが発生したのを、本筋へそわせるように修正できる能力
32 参加者同士の対立がはげしく、非建設的・非生産的意見が多発するのを修正できる能力
33 話合い・討議の効率化のため、秘書や書記などを上手に用いられる能力
34 話合い・討議の雰囲気が険悪になっても、落ち着いた態度と、おだやかなゆとりのある冷静な表情をくずさないでおられる能力
35 一つの問題の結論が出たら、てきぱきと次の問題に全体の話合いの焦点を移させることができる能力

36　第三者の助言・資料などを適時、有効に提供・活用できる能力

37　議長や司会者の立場になっても、権威的に参加者の発言を抑圧するような自分の言動を抑えることができる能力

38　話合いの結果を、段階的にまた最終的に整理・確認できる能力

39　討議の結論を感情的軽率に引き出すことなく、冷静・客観・総合的に扱う態度がとれる能力

40　話合い・討議がお座なり的にだれこまないように措置できる能力

41　話合い・討議の回が重なるにつれて、その進め方・雰囲気・意見の交流・結論の出し方などがより充実・向上するようにできる能力

42　話合い・討議の準備が手落ちなく、的確・適正に行なえる能力

43　意見の不一致と意見に対する誤解とを区別し、話合い・討議を有効に展開することができる能力

44　参加者に対して、意見の不一致と意見に対する誤解の違いを理解させて、納得的に話合い・討議を継続させる能力

45　問題を完全に、公平に、正確に述べることができる能力

46　すべての事実や事情を明らかにするような適切な質問ができる能力
47　話合いや討議を、個人的なものにせず、集団・組織の進歩・発展に貢献するように展開させる能力
48　常に、話合いや討議の本題からそれないように気くばりができる能力
49　話合い・討議を最終的な解決の方向に指導できる能力
50　話合い・討議を終了させる時機を見はからい、結論を統合的有効に述べられる能力
51　話合い・討議を補完する個人的意見の交換を、常に謙虚に反省することができる能力（表4―9参照）

表4-9　相対討議評価・反省表

a　お互いに自分の意見や気持を積極的に伝えることが少なかった。どのような結果になってもいいという状態であった。	(　　%)
b　主として、相手の気持を考えて物をいい、場合によっては発言をさしひかえることもあった。	(　　%)
c　相手の発言に対する配慮が少ない面があったが、お互いに自分の意見や気持は素直にいった。	(　　%)
d　お互いの案を考えて発言し、適度に意思疎通が成り立つように調整しながら、それぞれ自分の意見を述べた。	(　　%)
e　お互いに相手の意見や気持に積極的にこたえ、しかも率直·積極的に意見を述べ気持ちを伝えた。	(　　%)

(相手へのアドバイス)

(自己反省)

資料：産業能率大学教育資料・筆者調整

参考文献

上野陽一編『能率ハンドブック』同文舘、昭和一九年。
A. H. masslow, Motivation and Personality, Harper & Row, 1954.
P. Selznick, Leadership in Administration, Harper & Row, 1957. 北野利信訳『組織とリーダーシップ』ダイヤモンド社、昭和三八年。
山城　章『経営学要論』白桃書房、昭和四四年。
占部都美『企業の意思決定論』白桃書房、昭和四四年。
松岡磐木編『経営管理学』有斐閣、昭和四五年。
高宮　晋編『現代経営学の系譜』日本経営出版会、昭和四七年。
小林末男『企業内コミュニケーションの管理』東洋経済新報社、昭和四七年。
小林末男『実践的経営管理論』千倉書房、昭和四八年。
小林末男『経営学実践演習』白桃書房、昭和四九年。
三代川正一『経営学』税務経理協会、昭和五〇年。
小林末男『管理と組織開発』創成社、昭和五〇年。
上野一郎『マネジメント思想の発展系譜』日本能率協会、昭和五一年。
小林末男『情報意思の流通管理』税務経理協会、昭和五一年。
上野一郎監修・小林末男『基本事務能率事典』日本法令、昭和五一年。

小林末男『現代経営実務論』千倉書房、昭和五二年。

小林末男『行動科学的組織論』千倉書房、昭和五六年。

小林末男『経営力強化と組織開発』創成社、昭和五八年。

小林末男『行動科学的リスクマネジメント』日本リスクマネジメント協会、昭和六〇年。

小林末男『躍進経営の管理戦略』同文舘、昭和六〇年。

宮川公男他編・共著『現代経営事典』日本経済新聞社、昭和六一年。

小林末男『管理力強化戦略』産業能率大学、昭和六三年。

小林末男共著『リーダーシップを発揮する』産業能率大学、平成一年。

小林末男『現代基礎経営学』創成社、平成三年。

小林末男編『現代経営学総論』創成社、平成三年。

産能大学編・共著『新訂事務能率ハンドブック』産業能率大学、平成三年。

高宮晋監修・小林末男責任編集『新・経営行動科学辞典』創成社、平成八年。

小林末男編『現代の経営管理』創成社、平成八年。

小林末男『リーダーシップの開発と実践』東洋経済新報社、平成九年。

小林末男『新・実践的経営管理論』千倉書房、平成九年。

小林末男『人間信頼のリーダーシップ』東京新聞出版局、平成一四年。

行政管理指導・経営管理指導・経営診断・教育・研修等で関係した主要な事業体

（旧名称を含む、順序不同）

神奈川県商工指導センター、石川県奥能登広域圏、千葉県市川労政事務所、東京青年会議所、東京都、DIA、浦和商工会議所、沼津市、帝産オート、飯塚商事、千葉県国民健康保険病院看護部、YMCA、中小企業経営研究所、神奈川県商工指導センター、松戸市、千葉県企業庁、伊勢原市商工会、東予市、石炭鉱害事業団、神奈川県足柄上地区行政センター、大宮商工会議所、経営技術研究会、インターナショナル・ラーニング・システムズ、三井物産、全国経理学校関東地方会、群馬県、陸上自衛隊東部方面総監部、神戸市、富士通、新潟県、秋田県農業協同組合中央会、厚生省病院管理研究所、千葉県、水海道市、武蔵野市、福井県、山陽技術振興会、東京都、神奈川県教育庁、富士宮市、熊本市、大田区、神奈川県、熊本県、小田原マネジメント・コンサルティング協会、神奈川県立商工高等学校、福島県、山形県、静岡県信用農業協同組合連合会、井関農機、宮城県、大阪府、松下電器産業、愛知県警察本部、東京田辺製薬、茨城県、荏原製作所、北海道、高校教科研究集会機構、中部産業連盟、港区、川崎市立商業高校、藤沢市、新日本製鉄、森市商店、埼玉県農業共同組合中央会、秋田県、ブリヂストン・サイクル工業、全国農業協同組合連合会、防衛庁航空幕僚監部、横浜市、埼玉県行政事務能力協会、埼玉県地方公務員研修所、山形市、名古屋トヨペット、狛江市、理研ビタミン油、清話会、会計検査院、藤沢薬品工業、東京電力、杉並区、三井情報開発、日本不動産銀行、日本製鋼所、プレス工業、西南学院大学、府中市、日本信託銀行、日本プラスト、府中市商工会、横浜ヤクルト、生産性九州地方本部、王子製紙、ミドリ安全、全国電気通信労働組合、ユニチカ、東西貿易、大成火災海上保険、三菱重工業、日本ビジネスオートメーション、富士ゼロックス、商工組合中央金庫、保土ヶ谷化学工業、大和運輸、第一生命保険、関東精器、日本コカ・コーラ、山陽放送、岡山県都市事務改善協議会、市川市、千葉市、焼津市、上条会計事務所、厚生省、西日本鉄道、埼玉県、陸上自衛隊中部方面総監部、日本ハム、船橋市、新潟県産業能率研究所、富山県生産性協議会、渋谷区、小糸工業、浅沼商会、昭和空圧機工業、東京都地方公務員研修所、名古屋圏商工会議所、沢藤電気、日本自転車振興会、経営労働協会、新潟県自治研修所、国際協力事業団、日本リスク・マネジメント協会、電気通信協会、日本エアブレーキ、全国県信連、釧路市、日本電信電

話会社、陸上自衛隊西部方面総監部、大阪市、塩水港精糖、全国農業協同組合連合会、NHK中央研修所、文部省大学学術局、大洋漁業、ダイヤモンド社、読売テレビ、東京丸生青果、呉羽化学工業、長崎市、中小企業振興事業団、エーザイ、デイック、日本銀行、全国信用金庫協会、小平市、東京都労働局、塩尻市、青梅市、小松市、三和銀行、新宿区、枚方市、三重県、防衛庁航空自衛隊幹部学校、高松市、栃木県、第一勧業銀行、加藤車体、稲城市、三井木材、玉川機械金属、墨田区、ゼンチク、プラス、キャタピラー　三菱銀行、ライオン、横浜スカイビル、昭和無線、札幌テレビ、東京新宿青果、岐阜県共済農業協同組合連合会、日本輸出入銀行、近畿日本鉄道、岩手県、愛知県、東京報知機、日本IBM、東急車輌製造、大和化工機、婦人経友会、四国電力、全日本建設技術協会、全日本監査協会、本州製紙、人間能力開発センター、十条製紙、三菱自動車、昭和空圧機工業、協栄生命保険、神奈川日産ヂーゼル、目黒通信建設、福山市、電気通信共済会、シチズン時計、森永乳業、丸善ガス開発、岐阜県、広島マツダ、阪急交通、神戸製鋼所、日本橋倉庫、扶洋家庭電器、川越市、通産省、浜松商工会議所、岡山県事務改善協議会、並木学院、鳥取県、富士市、芝川町、福岡町、富士川町、蒲原町、石川県、文部省、渋谷信用金庫、万常紙店、住友金属工業、大丸百貨店、厚木市、埼玉県経営者協会、大和市、東京都水道局、朝日生命保険、大洋社、板橋区、佐世保市、建設省建設大学校、多摩市、立川市、関東精器、創造開発研究所、岡村製作所、山水電気、旭ガラス、千野時計店、高松電鍍工業、国税庁、豊島区、日本バルブ、機械工業会、日本能率協会、愛媛県、鹿児島県、内田洋行、QPマヨネーズ、大東紡績、日本エアシステム、表面技術研究所、前田製作所、板橋区教育委員会、岐阜県教育委員会、岐阜市、ミロク経理協会、三井事務機械化協議会、愛媛県中小企業指導所、新潟市、日立市、愛知県職員研修所、長崎県、井田両国堂、千葉県職員研修所、福井市、埼玉県南水道企業庁、宇部興産、大泉電話局、三井銀行、千葉県水道局、愛媛県能率研究所、安永鉄工所、千葉県自治センター、清水市、全銀協会、東京都職員研修所、中小企業金融公庫、滝田製作所、地方職員共済組合、赤羽栗原製作所、中部事務機械化協会、日本経営協会、千葉県自治専門校、東京被服協同組合、谷口製作所、太陽工業、高千穂交易、滝産業、仙北、フタバ産業、ダユイウ電器、安藤製作所、全国信連協会、越智会計事務所、関東信用金庫協会、蒲田信興、蒲田駅ビル名店会、神奈川県自治綜合研究センター、甲府市、日本鍛工、近鉄百貨店、仁保製作所、基地地盤コンサルタンツ、共栄工業、大和精工、岐阜県自治研修所、釧路石炭港運、三つ輪、釧路倉庫、葵建設、江州鍛造工業所、東京都経済局、福井県自治研修所、高知県自治研修所、富士ゼロックス綜合教育研究所、三和町、群馬県地方自治研修所、北海道自治政策研修センター、和歌山県職員研修所、太陽機械工業、帝国ピストンリング、桃谷順天館、中村金属工業所、三和工業、三菱重工業三原製作所、日本道路公団、郵政省、トーレデュポン、日本金属工業、久野金属工業、協栄鉄工所、三菱重工業長崎造船所、三井生命保険、二宮町商工会、帝国デンタル製作所、三菱重工業東京製作所、勝田市、伊藤萬、高萩市、明野町、日本対ガン協会、青森県自治研修所、兵庫県自治研修所、奈良県自治研修所、京都府職員研修所、秋田県自治研修所、山梨県自治研修所、山形県総合研修センター、国際連合大学、中小企業診断士協会、日本資格審査連盟、石岡市、神奈川県衛生部、石川県農協学園、厚生省公衆衛生局、岩井市、長野市商工会、福島市、大分県、昭和地所、水戸市、日本生産性本部、五霞村、千葉県工業用水局、奈良県、ロータリークラブ、長野中央市場、青森県、恒栄電設、全国信用金庫研修所、水戸市監査委員会、赤坂警察署、東日本薬品、高崎市、東亜燃料工業、宮崎県自治学院、防衛庁、伊勢原市商工指導センター、高知市、下館市、茨城県養蚕課、沖縄県市長会、西条市、今治市、茨城県税事務所、徳島市、郡山市、東京国税局、全国市町村保健活動連絡協議会、総和町、八千代町、健康保険組合連合会、越谷市、東京都商工指導所、京都府、茨城県霞ヶ浦用水建設推進協議会、大興電子通信機、安中市、常陸大和市、日本電信電話会社関東電器通信局、睦沢村、古川市、奈良県、兵庫県、下妻市、高知県、税務大学校、自治省、中華民国企業経理検討会、中華民国対外貿易発展協会、台湾工商時報、台湾大学日本研究中心、留日江蘇同学会、名古屋市、神奈川県自治研究センター、潮来市、日本国際連合協会、静岡県商工会議所連合会、福井県農林漁業大学校、富士市、福井県森林組合連合会、ライオンズクラブ、テクノロジー・トランスファ研究所、韓国産業技術移転研究所、関東都市監査委員会、山梨県、結城市、徳島市、ハリカ、公務研究協議会、福井市監査委員会、金星電線　韓国人間能力開発センター、建設省、人事院、久喜農業改良普及所、クレイトン大学、サンフランシスコ州立大学、アメリカワールド大学、中国対外経済貿易大学、中国人民大学、中国北京工業大学、中国長春大学、中国南京大学、中国北方工業大学、中国山東大学、アンチオーク大学、東邦大学、台湾千国貿易集団、ランバート大学、中華民国管理科学学会、ノーベル大学、徳島県自治研修センター、市民文化の会、北京大学経済学院、中国人力資源評価中心、中国国際人的資源発展文化協会、台湾中興大学企研所、台湾多国籍企業研学会、私学研修福祉会、千葉県印旛管内市議会正副議長連絡協議会、中華人民共和国国家外国専家局、台湾中央銀行、中国上海外国語大学、中国南開大学、天津市政府僑办公室、その他多数。

著者紹介

サンフランシスコ州立大学総長Robert A･Coligan博士と著者(左)

小林　末男（こばやし　すえお）
旧姓・高畑（たかはた）

昭和3年　北海道に生れる。
学習院大学を経て法政大学卒業。拓殖大学教授・商学部長、経理研究所長、拓殖大学北海道短期大学学長。産業能率大学常務理事、教授。文部省委員。全日本能率連盟委員。自治大学校・税務大学校・建設大学校・航空自衛隊幹部学校・会計検査院・厚生省病院管理研究所・都道府県の自治研修所職員研修所・法政大学・早稲田大学・青山学院大学・中央学院大学・麗沢大学各講師。横浜外国語学校校長。拓殖大学顧問（教育研究構想検討委員会）・客員教授。日本商業英語学会・組織学会・長期波動経済学会・都市情報学会・日中問題研究会各理事。オフィスオートメーション学会常任理事。富士ゼロックス総合教育研究所顧問。Academy of Management 会員。SAM（Society for Advancement of Management）会員。

現　在　秋草学園（高等学校・福祉専門学校・短期大学）理事。南京大学兼職教授。長春大学客座教授。Armstrong 大学客員教授。Antioch 大学客員教授。Berkeley 科学大学研究教授・USL JRC 日本機構首席学長・米日会総長代行。San Francisco 州立大学 The President's Gold Circle（総長付最高学術メンバー）特認教授・国際学術協議員・国際学術協議日本委員会会長代理。Lambert 大学 Alumni Board 理事。東京都高齢者事業財団アドバイザー。新東京国際語学院学院長。伊勢原市監査委員。経済学博士・経営学博士・商学博士・法学博士・学術博士。名誉経済学博士・名誉人類学博士。

著　書　『行政事務管理便覧』行政事務管理便覧編集委員会編（日刊工業新聞社）・共著、『情報・意思の流通管理』（税務経理協会）、『事務機械化のすすめ方』（経林書房）、『目標管理を活かす事務機械化のすすめ方』（同）、『会計機械化入門』（評論社）、『会計学』（学陽書房）、『経営学実践演習』（白桃書房）、『日本の経営』P. F. ドラッカー他と共著（日本経営出版会）、『近代事務管理論』（千倉書房）、『新・実践的経営管理論』（同）、『現代経営実務論』（同）、『行動科学的組織論』（同）、『機械会計』（同文舘）、『躍進経営の管理戦略』（同）、『管理力強化戦略』（産業能率大学出版部）、『新訂・事務能率ハンドブック』産業能率大学編、共著、（同）、『企業内コミュニケーションの管理』（東洋経済新報社）、『リーダーシップの開発と実践』（同）、『管理と組織開発』（創成社）、『現代基礎経営学』（同）、『経営力強化と組織開発』（同）、『現代経営学総論』責任編集、工藤秀幸・宮川公男・二村敏子編、（同）、『現代の経営管理』（工藤秀幸・島田達巳・根本孝と共編、（同）、『基本事務能率事典』上野一郎監修（日本法令）、『現代経営学事典』宮川公男他編・共著、（日本経済新聞社）、『新・経営行動科学辞典』高宮晋監修・責任編集、（創成社）、『人間信頼のリーダーシップ』（東京新聞出版局）、その他著書・論文多数。

共創のコミュニケーション

2003年11月25日　　　初版発行

著　者
小林　末男

発行・発売
創英社／三省堂書店
東京都千代田区神田神保町1-1
電話：03-3291-2295

印刷所
三省堂印刷

ISBN4-88142-240-5 C0034